老爸，别哭

万榕　选编

北方联合出版传媒（集团）股份有限公司
万卷出版公司

Contents
目录

Don't Cry

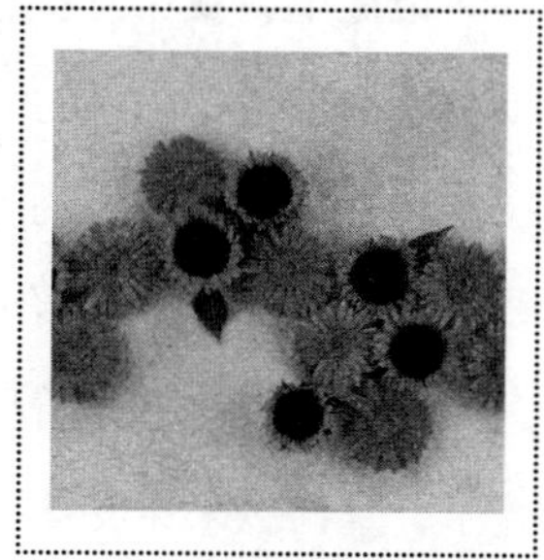

Title /老爸，别哭

Author /邱长海

当父亲给儿子东西的时候，儿子笑了；当儿子给父亲东西的时候，父亲哭了。

小的时候，没有文化的父亲教育儿子：长大了穿皮鞋，当城里人。父亲说，他早年间到城里人家要饭，狗咬他，他拿打狗棍往狗嘴里戳，主人就拿穿皮鞋的脚踢他。

在上世纪80年代的鲁南农村，皮鞋是个稀罕物。“大皮鞋，呱呱叫，上火车，不要票！”小孩们几乎都会唱这段顺口溜。而对于像父亲这些穿了半辈子草鞋、布鞋的泥腿子们来说，皮鞋就是吃香喝辣过好日子的代名词。

记忆里，我第一次穿皮鞋是在1982年。那年我4岁，玩耍时不小心掉进了邻居家的地瓜窖里，摔断了腿。父亲用地排车把我拉到30里外的县城医院里，医生说，这孩子的腿保不住了，恐怕要截肢。父亲跪下就给医生磕头，磕了一头血泡，医生只是叹息。父亲疯了一样拉着我换了一家又一家医院——孩子的脚都没有了，拿什么来穿皮鞋呢？

后来，几乎绝望的父亲把我抱到城郊医院的老先生面前，老先生在我腿上捏了几下，说，这孩子的腿能治。父亲一下子又给老先生跪下了。

穷人家的孩子生命力就是顽强，同病房的几个城里断胳膊的人每天猪肉炖苔菜加白面馒头养着不见好，我吃着母亲从老家里送来的地瓜煎饼和咸菜，腿却奇迹般地好起来。住了20多天，医生就通知我们出院了。

我在床上躺了3个月。一天中午，父母从地里回来，把我抱出来晒晒太阳。院子里有棵小槐树，我扶着它，慢悠悠地站起来，又试着向前挪了一步。“我能走路了！”听到我的喊声，父母从厨房里冲出来，看到我，他们泪水哗哗地往下淌。

那天的午饭，父亲买了五毛钱的豆腐，一家人改善生活——为了给我治腿，我们家已经算作赤贫了。下午，父亲没有下地，挎着炒好的一篮子花生进了城。在我出院后的每周里，父亲都要去这么一趟，先到工人文化宫前卖掉熟花生，再到医院里去拿我一周用的药品。

那晚天黑了很长时间，父亲才顶着一头冰霜回来，进门就到我床前，满脸挂着笑。他变戏法似的从篮子里摸出一双鞋——皮鞋，又从被窝里掏出我的小脚丫，给我穿上，然后心满意足地欣赏着。“我儿子能穿皮鞋了！”他对母亲说。

我至今清楚地记得父亲说那句话时的样子。父亲的话给了我巨大的动力，几年后，我上学了，从小学一年级开始，我的成绩一路扶摇直上，到高一那年，周围几个村子的人们都提前喊我大学生了。

腊月二十七是我们镇上的大集。我穿着拖鞋，把自己唯一的一双白运动鞋洗了，准备过年。父亲杀了家里的一只羊，到集上卖肉换年货。下午的时候，他买了一双皮鞋——实际上是人造革的，喜滋滋地进了门。人家要20块，父亲还价10块，最后14块钱成交。他一高兴，拿成了两只一样的。父亲不肯吃饭，执意要骑着自行车去换。他回来的时候，外面纷纷扬扬飘起了大雪，饭已经凉了。

那是我穿的第二双皮鞋。看着头发眉毛上挂着雪花的父亲，我在心里发誓：将来挣了钱，一定给父亲买一双真正的皮鞋。

60多岁的父亲瞒着我到滕州城里收破烂，人家当破烂扔了一双皮鞋，父亲拾回来，准备回家擦洗一下，穿在脚上过年。晚上，一家人围在火炉边烤火，父亲宝贝似的捧着鞋擦洗。那年我上高三，印象里那是他穿过的第一双皮鞋。可父亲说，他年轻的时候，走南闯北，到大上海时脚上穿过皮鞋的。看我不信，他有些生气，说："等你小子将来出息了，就给我买双皮鞋，要最好的！"

我不知道父亲年轻时穿没穿过皮鞋，只是知道，爷爷去世得早，父亲跟着奶奶到处逃荒要饭，再后来挑着货郎担子走街串巷，挣钱养活年幼的叔和姑，并给他们成了家，自己到30多岁才找到我的母亲。儿子还没长大，父亲已经老了。

我大学毕业领了第一个月的工资，给父亲花80多块钱买了一双百货大楼里打折的皮鞋。父亲不舍得穿，只在过年或走亲戚时穿穿，就收起来。2002年国庆长假，父母一起来济南，父亲脚上穿的就是我给他买的那双皮鞋。他们在我家住了一周，就嚷嚷着回去，父亲说，皮鞋有什么好，捂脚！哪有俺在老家穿布鞋舒服。父亲不知道，儿子买的鞋质量太差，好皮鞋是不捂脚的。我就想着给父亲买双好皮鞋，这一想两年过去了，留给儿子一辈子的遗憾。

2004年3月，父亲走亲戚路上摔倒，高血压引发脑血栓，在医院里躺了一个月，最终没有站起来。到了中秋节，我从济南回老家看他，他已经瘦得没有人样。他抓住我的手，要我买给他的那双皮鞋。母亲从柜子里翻出来给他，他拿着鞋哭了。皮鞋，对他来说，已经没有用了。一个多月后的10月12日的夜里，叔家的大哥打电话告诉我父亲去世的消息。400多里路，我哭着赶回家。母亲说，父亲弥留之际，母亲给他穿鞋，说，老头子，你这

辈子落下个残废，到那辈子一定得穿鞋走路啊！

那是我早就给他准备的送老鞋——一双布鞋，按照我们老家的习俗，人走是不能穿皮鞋的！

父亲下葬后的第二天，我把当年给他买的那双皮鞋以及他的衣物在他坟前烧掉。火光里，晃动着父亲当年冒雪给我买鞋时的情景。想起那句话：当父亲给儿子东西的时候，儿子笑了；当儿子给父亲东西的时候，父亲哭了。我止不住泪。

父亲，你知道吗？在城里，也有人穿布鞋，也许只有在那美丽的天堂里，人人才都有皮鞋穿！

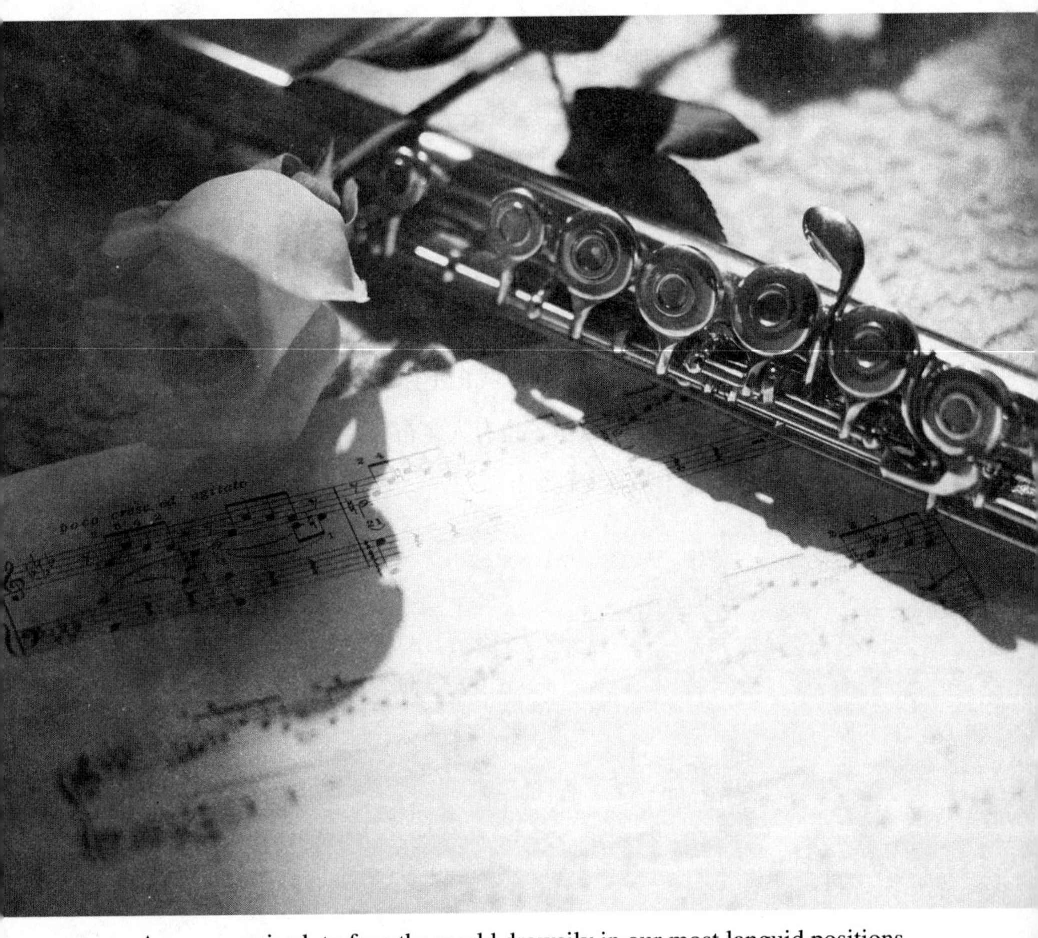

As we promised, to face the world drowsily in our most languid positions.

Naivete

Title /爱的发声练习
Author /佚名

一组专家向一些4到8岁的孩子提问："爱是什么意思？"

孩子们的回答比任何人所想象的要深刻。你也读一读吧：

我的祖母得了关节炎，她不能弯腰给自己的脚趾涂指甲油了。所以祖父就帮她涂指甲油，一直到他也得了关节炎，他还这样做。这就是爱。

——Rebecca 8岁

如果一个人爱你，他叫你名字的方式是不同的。你知道你的名字在他嘴里是安全的。

——Billy 4岁

爱就是你出去吃饭时，把自己的薯条都给了一个人，而不要求他把自己的给你。

——Chrissy 6岁

爱就是累的时候让你笑起来的东西。

——Terri 4岁

爱就是当我妈妈为爸爸煮咖啡时，在端给他之前先尝一尝，来确保味道是好的。

——Danny 7岁

爱就是在圣诞节时，当你停止打开礼物，静下心来倾听时，在房间里伴随你的东西。

——Bobby 7岁

如果你想学习更好地爱，就应该从你恨的人开始。

——Nikka 6岁

爱就是当你告诉一个人你喜欢他的衬衫，他就天天穿着。

——Noelle 7岁

爱就像一个老太太和一个老头儿，即使他们已经相互非常了解了，他们还是朋友。

——Tommy 6岁

在我的钢琴演奏会上，我在舞台上非常害怕。我看着台下的所有观众，看到爸爸对我招手微笑。只有他在这样做。我不再害怕了。

——Cindy 8岁

我妈妈比所有人都爱我。我从来没见过别人用亲吻来让我入睡。

——Clare 6岁

爱就是妈妈给爸爸最好的一块鸡肉。

——Elaine 5岁

爱就是当妈妈看到爸爸浑身汗臭，还说他比布拉德皮特更帅。

——Chris 7岁

爱就是即使把你的猫关在家里一整天，回来时它还是舔你的脸。

——Mary Ann 4岁

我知道我姐姐爱我，因为她把旧衣服都给我了，只好出去买新的。

——Lauren 4岁

当你爱一个人时，你的眼睫毛眨呀眨的，小星星就从你眼里出来了。

——Karen 7岁

只有当你真的爱一个人时，才能说“我爱你”。并且如果你真这么想，你就应该多说“我爱你”。大人们总忘记这一点。

——Jessica 8岁

作家和演说家Leo Buscaglia曾经担当一个比赛的评委，比赛目标是找出最有爱心的孩子。

获胜的是一个4岁男孩，他的邻居是一位上了年纪的先生，老人最近刚刚失去了妻子。孩子看到这位先生在哭，就走进他家的院子，爬到他的膝盖上，坐着。妈妈问他对这位邻居说什么了，小男孩说："没说什么，我只是在帮助他哭泣。"

Together

Title /和你在一起
Author /路金波

路琏城现在3岁。“三”在汉语中，是个有时很大（事不过三，冰冻三尺）有时很小（三人行必有吾师，三寸金莲）的词。

路琏城经常认为自己已经是个大姑娘了。

现在你让她讲个关于自己的故事，她就会端好架势，一字一顿摇头晃脑地说：“很久很久以前，那时候我还是个很小很小的BABY……”

在同年龄组的“大人”中间，路琏城绝对是个“读书人”。

她从来不看电视，而且打心眼里“鄙视”看电视的人，经常耐心地教导偶尔“偷看”的外公说：“爸爸说了，看电视脑子会笨，眼睛也会坏掉。外公，我可以借我的书给你看哟！”（路琏城藏书甚丰，有数百册。按趋势超越书商老爸指日可待。）

因为每天读书“破”**N**卷（所谓破，是经常要把书里面的贴纸剪贴到别处），路琏城说话从来都是文绉绉的，带着其他幼儿园小班同学几乎听不懂的“复合句”，例如，“其实我觉得朱老师的这件衣服一点点也不美丽”，“虽然外婆打了我，但是我不恨她，因为我知道，她心里还是爱我的”，“你知道吗？爱是世界上最珍贵的财富”。

读书的好处，自然是出口成章，例如每次老爸向她请假出去应酬吃饭，她都会在电话里背诵几句《弟子规》“年方少，勿饮酒。饮酒醉，最为丑”（背景音：其母王老师得意的笑声）。

但是，我发现，路琏城也不免沾染了知识分子的一个通病——虚伪。例如，周六早上，她一觉醒来，就在爸爸妈妈之间拱来拱去——我们一时摸不准情况她到底是要起还是要睡，要撒尿还是要喝奶，犹豫之间，她就大哭起来。外婆听到动静，从楼下飞奔而至（工作日和外婆睡，周末和我们睡），抱起她，问：“乖囡怎么了？怎么了？”

路琏城止住哭声，清晰地回答：“外婆，你知道吗？我哭了一夜，我好想你啊！”

……

外婆感动地给她冲了一杯奶，她一口气喝完。

然后又爬到爸爸妈妈中间，亲热地说："你们快起来吧，我们今天去看话剧《小飞侠》对吗？"

我问："路琏城，你到底和谁是最好的朋友？"

她答："爸爸！就是你呀，我们都是姓路的！"

这时外婆在旁边幽怨地说："她昨晚吃得少，早上醒来是饿得哭了……"

自从认识到路琏城"虚伪的那一面"，我心里就决定，以后要提高警惕，不能轻易被她的"糖衣炮弹"击中，不能她亲一下就心软答应她任何要求！

有了这个念头，终于爆发了父女之间"历史上第一次吵架"。

话说周日晚上，我说："路琏城，今天给爷爷奶奶打个电话可以吗？"

她自然也不含糊，拿了一本书来，嬉皮笑脸地说："可以啊。不过我现在好想听一个故事啊。"

我也是爽快人。于是成交。

故事讲完了。

我又说打电话的事。

她磨磨唧唧说："再讲一个故事好吗？"

我心想毕竟虚长几岁（呸，是虚长三十几岁好吧），就答应了。

又一个故事讲完了。

她开始赖皮。拱到地上当猪。死活不肯打电话。甚至死皮赖脸把书拿到我面前。

我那时心想，这小东西本来就“精”，如果再加上“赖”，以后岂不是被她吃得定定的？再说，“人而无信，不知其可也”！正是本爸要教育她的时候！

于是，我——夸张地但是轻轻地——把书摔在了沙发上——扬长而去。

路琏城显然是第一次见到爸爸翻脸。

当下大哭起来。

我狠下心。

躲在楼梯拐角处不应声。

王老师作为教育工作者，当然明白千载难逢地轮到她当“红脸”一回。于是，赶紧上前安抚。

几分钟后。

路琏城趴在楼梯口，对着上面喊话：“老爸——恬爸——路总——金波——嘟嘟——”（她经常给人随便乱起一个外号）。

我见“腔调”装得差不多了，就趁她叫“恬爸”时应了一声，“怎么了？有事吗？”

路琏城大声喊：“我错啦！我改啦！我给爷爷奶奶打电话啦！”

电话打得非常成功。路琏城发现，爷爷原来也是属狗的！

“一个老狗和一个小狗”，还有，爷爷，还有姑姑，竟然和爸爸一样，都是姓路的，真巧啊！！！

路琏城现在3岁4个月大。我34岁。年龄是她的10倍。换句话说，在我目前生命的十分之一时光里，她与我同行。

我们是最好的朋友。她有次指着一个王子和公主婚礼的模型说，这男的是爸爸，女的是我16岁的样子，那时候我就可以和爸爸结婚了。

我所知道的是，到她16岁的时候，她会爱上一个打篮球或者弹钢琴的帅气小伙儿。并且想办法避开老爸。

那时候，我48岁，年龄是她的3倍。鬓角悄悄染出白发。

时间总是坚定地走着。然后，她会去国外读大学吧？然后，找了个联合国的工作？（王朔老师妙语，希望女儿在联合国工作，高贵得体，打交道净是元首。而且，实际不承担啥责任。打仗都打不着。）

然后，在我60岁的时候，她30岁。我是她的2倍。

她嫁人了。并且，有了自己的孩子。——这意味着两件事：好事是，她可以知道爸爸当年有多爱她。坏事是，她把全部的爱给了自己的孩子。

又过了很久很久。白发甚至爬上了她的鬓角。

她50岁。我，81。

九九八十一。九是汉语里很大的数字。

我的假设是——我将要死去。

死亡是多么自然的一件事情。几乎就是出生的另一面。

世人恐惧之，无非是害怕它突然而来，毫无准备。

所以我要善良，去爱。以求诸神一个恩准——在预定的时间，在故乡的土地，给我安静的一个星期。我神志清晰，无眠无痛。和家人聚在一起。

那时，我和我的孩子一起，已在尘间忍受许多苦难——连天使般的路琏城都已皱纹白发。

可是——或许路琏城会打印下我今天写的这篇文章，说："爸爸，你说，很久很久以前，那时我还是个很小很小的**BABY**，我真有那么'狡猾'吗？"

我那时已不能言语。

只在恍惚中感谢上帝，感谢诸神，谢谢你们让我和我的孩子，此生一直在爱里度过。

Dream

Title /一生只说“我愿意”

Author /佚名

她穿着鱼尾裙，珍珠一样光洁的肌肤，如海水般深邃的目光，但她的脸庞上没有嘴——是的，因为她不会说话，她把自己美妙的声音作为获得爱情的交换条件交给了厄运巫婆。

从2008年3月开始，去往美国纽约的游客，都会在临海公园里看到这座石雕。你千万别以为它是“海的女儿”的翻版，导游会提醒你：“这座雕塑是艾弗尼吉小镇居民送给珍妮和她丈夫的特殊礼物，他们的爱情故事拥有比童话更美好的结局。”

1978年1月初的一个黄昏，艾弗尼吉小镇的女孩珍妮端着一盒自己制作的“泡沫蛋糕”来到邻居家，将蛋糕送给萝丝太太品尝，同时跟她商量自己的结婚事宜。婚期一天天逼近，珍妮的心里充满了甜蜜的期待。

珍妮与萝丝太太说着话。随着窗外清冷连绵的冬雨越下越大，她的心情沉重晦暗起来。斯蒂夫开着破旧的老爷车去城里购物，按说早该回来了，但愿他不要出什么事……

小镇医院突然打来电话，斯蒂夫出车祸了，需要做截肢手术。放下电话，珍妮冲进雨里。在医院急诊室，珍妮看见了斯蒂夫，因为麻醉剂的作用，他还未苏醒。珍妮亲吻他苍白的面容，手指轻柔地抚过被单下他刚做过截肢手术的下半身，那儿已经空了。

斯蒂夫醒来后，对珍妮说：“我们解除婚约吧！”他的语气坚决而冷漠。珍妮知道，斯蒂夫是不想成为她的累赘。他虽然装了假肢，然而因为脊椎受损，他这一生都将与轮椅为伴。

珍妮试图说服斯蒂夫改变决定，她回忆起两人青梅竹马的童年往事、初恋时令人怦然心动的海誓山盟……然而，无论珍妮怎么努力，斯蒂夫执意将自己封闭在无边无际的绝望中，甚至不再见珍妮。

几个月后的一天，斯蒂夫独自坐轮椅去医院复诊，意外地看见了掩面而哭的珍妮从医院走出来，她一定发生了什么事。斯蒂夫摇着轮椅悄悄追了上去，一直跟踪到小镇西郊的海滩上，他远

远地看见珍妮停下了脚步。

差不多一个月没见了，珍妮消瘦得像朵失去了水分的花。看见轮椅在沙滩上碾出的两道印痕，珍妮发现了斯蒂夫，她默默地将手中的病情诊断书递给他，上面写着“喉内肿瘤”。病理化验结果虽然是良性，但必须做切除手术，而手术会破坏声带，也就是说，手术后的珍妮将不能发声说话。珍妮低沉地说：“你提出分手是对的，我们都是残缺不全的人，不配拥有完美无缺的爱，生活永远不可能像童话那样。”

一阵海风轻轻吹到了斯蒂夫脸上，他感到刺骨的寒冷。这一刻，他才发现自己是如此深爱着这个女孩。他的心里一阵阵刺痛，他轻轻拥着珍妮说：“别难过，等你做完手术，春天的花就开了，那时我们结婚，好吗？”

珍妮的身体轻轻颤动，这正是她一直等待的那句话啊，这句穿越命运悲欢的爱情誓言，终于抵达她的心灵深处。斯蒂夫还答应珍妮，他会在他们未来的家里做好结婚的一切准备，他知道珍妮喜欢缀满小碎花的餐台布、满屋子的鲜花……

手术定于两周后进行，珍妮说，她要到纽约市的大医院做手术。由于斯蒂夫行动不便，他留在家中。临行前，珍妮对斯蒂夫说，她要在失声前说最后3个字：“我愿意！”那将是举行婚礼时珍妮回答神父的3个字，可是因为手术后她不能发出声音了，她要提前把这3个字郑重地告诉自己的爱人。

手术很顺利，复活节的前一天，珍妮从纽约赶回了小镇。

婚礼那天，人们都说珍妮是最美丽的新娘。她身着鱼尾裙式样的婚纱，仿若“人鱼公主”。当神父问出神圣的话语：“珍妮，你是否愿意嫁给斯蒂夫为妻，无论顺境或逆境，富裕或贫穷，健康或疾病，快乐或忧愁，你都将毫无保留地爱他，对他忠诚直到永远？”

刹那间，人们屏息静气。珍妮努力张大了嘴巴。斯蒂夫和神父以及在场的所有人仿佛都听见了那3个字。是的，那是珍妮的“声音”，她一次次努力张着嘴巴，虽然没有声音，但大家都明白，她在说“我愿意”。

婚后，斯蒂夫和珍妮开了一家“童话蛋糕店”。珍妮做出美味的糕点，斯蒂夫负责出售。珍妮不能说话，但她制作的蛋糕分明让顾客品味到了她浓浓的爱意，谁都能看出她和斯蒂夫的幸福。每到傍晚，他们就会到美丽的海边散步。

5年过去了，两人争执过一次：珍妮想扩大小店规模，斯蒂夫坚持用积攒的钱为她买了一架钢琴。在星星闪烁的夜晚，夫妻俩长久地坐在钢琴前，他们的手指在黑白键上跳跃。一曲终了，他们沉默下来，目光交织，心灵在交谈。

20年过去了，每年斯蒂夫生日时，珍妮都会推着轮椅陪他去海滩；她生日的时候，斯蒂夫会为她朗诵《海的女儿》。

结婚30周年纪念日快要到了，斯蒂夫计划请一些朋友共同庆祝，他在家里翻找老朋友的地址，找了很久都没找到。就在他准备放弃之时，看见箱底压着一张枯黄的纸片，是珍妮的诊断书，

他在上面发现了一行字：医院误诊记录。

那天晚上，两人没有去海边散步。斯蒂夫将诊断书递到珍妮的面前，珍妮没有否认，她用手势“说”出了真相：当时，她接到了医院的诊断书，以为自己会失去声音。那天她遇到了斯蒂夫，还听到了他的求婚。那一刻，她那么开心，她甚至认为是上帝要让她用声音来交换一辈子的幸福。有了斯蒂夫，她觉得即使失声也不是一件多么可怕的事情了。可是当她去纽约做手术时，得知喉咙肿瘤是误诊。她犹豫了，害怕这个更正的结果会让爱情长了翅膀飞走，因为她太了解斯蒂夫了，他是不愿意让完美无缺的她守在自己身旁的。

珍妮确信，正因为她有了“缺陷”，才能让斯蒂夫克服残疾带来的自卑感，重新唤起他的自信。她毫不犹豫地决定像“海的女儿”一样向厄运巫婆祭献出声音！她没有做手术，她的发音器官没有任何问题，但是这么多年，她始终不再开口说话，她已经习惯了，30年里她一直用沉默诉说着“我愿意”的爱情真谛。

当珍妮又一次对丈夫说出“我愿意”的时候，斯蒂夫早已泪流满面。

2008年初，被珍妮为爱而牺牲的精神打动，艾弗尼吉小镇居民自发凑了一笔钱，在临海公园造了一个雕像。石雕刻成了珍妮的模样，上面雕刻了一行字：“她是一个平凡的女子，她做了一件不平凡的事情。”小镇因此名扬北美，许多游客慕名前来临海公园看石雕，听导游讲述真实的童话故事，然后他们会问自己：

“你愿意承诺吗？无论顺境或逆境，富裕或贫穷，健康或疾病，快乐或忧愁，你都将毫无保留地爱他(她），对他（她）忠诚直到永远……”

Motherhood

Title /有一个人，从来不会倒下

Author /佚名

她用一根皮带，把双胞胎儿子的脚脖子捆住，摁到沙发上，然后坐在儿子的腿上，对儿子说，只压一会儿就好了。可是她坐上去就不起来了，儿子痛得大哭，在后面使劲砸她背。

她倒着走路，一手拉着一个儿子。儿子走得很艰难，脚尖踮着，肚子挺着，脖子伸着，像鸭子一样。他们所到之处，总能引得路人侧目，诧异的、嘲笑的、鄙视的……她不管，她拉着他们，走一站、两站，一公里、五公里……

她在自家门上钉了根绳子，让儿子拉着做攀岩动作。孩子根本拽不住绳子，他们的体重远远超过了胳膊的承受能力。她站在后面保护着他们，他们拉一下，她就在后面推送一下。每天三百多个拉伸动作，有一多半的力量来自她的手臂。

她让孩子吹口琴，不要求吹成调，只要吹响就行。她的目的，不过是为了锻炼他们的肺活量，防止有一天他们真的呼吸衰竭。没想到孩子们竟吹出了调，吹出了动听的曲子。

她叫薛芙蓉，她的双胞胎儿子金豆和银豆，在5岁时被确诊为进行性肌不良症。医生说，这是世界医学难题，开始是站立不稳，然后双腿肌肉逐渐萎缩、无法行走，再发展到身体各部位肌肉全部萎缩，直到无法进食、无力呼吸，最终呼吸衰竭、失去生命。得这种病的人，很难活过18岁。

这一对鲜活的生命，就这样无情地被判了死刑。

为了治病，她带着两个儿子跑了足足两万多公里。6年过去了，所有能试的办法都试了，两个孩子的病情却丝毫没有好转，甚至在不断地恶化。两个孩子，正如医生所言，在一步步地接近瘫痪和死亡。

她仍不肯放弃，用最笨的办法，给孩子压腿、拔筋、按摩，让他们吹口琴，逼着他们走路……连她自己都没有想到，就是这些最普通的办法，为她的孩子赢得了与生命赛跑的时间。

2000年秋天，两个孩子13岁了。那个他们将在12岁瘫痪的预言，就这样被顽强的母亲远远地抛在了身后。2005年8月，金豆

和银豆18岁了，这是他们被预言死亡的年龄，可他们依然在母亲的扶持下，每天艰难地行走着。他们甚至走进了大学的课堂，和同龄的孩子一起学习，追逐自己的梦想。

这不是一个故事，这是一位普通而伟大的母亲，用信念、韧性和爱创造的奇迹。是的，无论人生多么艰难险恶，无论命运多么曲折坎坷，在灾难面前，有一个人永远不会倒下，那就是母亲。

Don't cry because it is over, smile because it happened.

Farewell

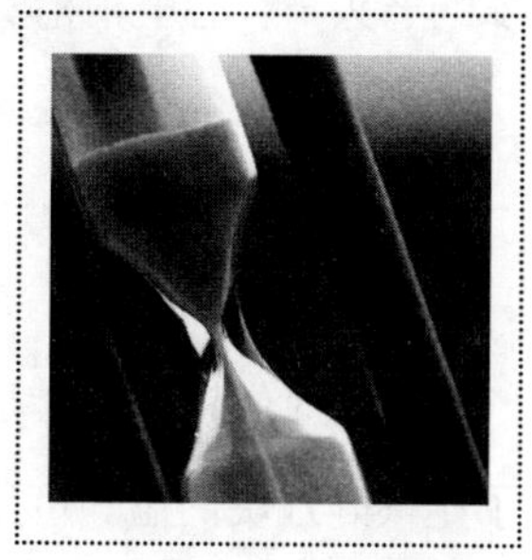

Title /告别，与世上最疼你的人
Author /佚名

老太太醒过来了，心脏跳得忽快忽慢的，让她有些吃不消了。

老太太就想：差不多喽，自己要走，也就在这一两天喽。

老太太已经76岁了，身体倒还好，只是今年，大冷大热，对他们这些老年人，是很致命的伤害呢。这不，自己就觉得从春节后，身体一天不如一天了。

老太太转头，看见旁边的暖椅上，躺着比自己大7岁的已83岁的老头子，心里稍稍安慰了些。

太阳暖暖的，正在向天边垂落，老太太就想起了和老头子这一辈子的时光。

年轻时候，老太太是四邻八乡有名的美人儿。说媒的人踏破了她家好几块门槛。可是她早就心有所属。她看中了村中那个小学校里唯一的教书先生。

那是个斯斯文文的年轻人，长着很好看的一双眼睛，看着你的时候，满满的笑，让人就心醉得不行。

两个人曾经多次在村中的小道上迎面走过，都只是短短的对视一眼，然后双双红了脸，低下头，匆匆地擦肩而过。短短的相遇，却是两个人最幸福的期待。

谁知那一年，她的父亲去外面采办年货，回来时遇到了土匪，危急关头，被一个五大三粗的过路客，舍命救了下来，还替父亲挨了深深的一刀。

在她家里养伤的时候，她在床前端茶递饭，完全是出于报答这个陌生男人，对父亲的救命之恩。

等到这个汉子伤势渐好的时候，这个汉子就开始忙里忙外的，几乎包揽了所有的农活和家务活。别看他粗枝大叶的样子，竟是个全能手，洗衣做饭，田间地头，春耕夏种，修修弄弄，竟没有他不会的活计，把她的父母给欢喜得不行，就经常陶醉在四邻的夸奖和羡慕声中。

这让她非常心焦，因为她在一个晚上，偶然在父母的门外，听到了父母亲有意要招这个汉子入赘。她就软软地靠在门边，没了主意。

第二天，故意去那条和教书先生经常偶遇的巷子，徘徊了很久，都没有见到。后来问了村里的一个孩子，才知道那个教书先生，已经回城多日，说是家中有事，要三个月后才能回来。

那个教书先生再回来的时候，匆匆地跑到她家门口，就看到了她家门上，醒目而刺眼的大红喜字，看见了院子里，一身红衣、满眼幽怨的她。

从那天起，那个教书先生，就彻底地消失在她的生活中。

后来就跟着那个汉子，安安心心地过起了日子。

新中国成立，三年自然灾害，十年文革，改革开放，风风雨雨中，两个人从农村来到城市，相依为命，相互扶持，生儿育女，开枝散叶，就到了现在，老态龙钟的样子。

不容易，实在不容易啊！

老太太这样想着，胸中有些发闷，就咳嗽起来，惊醒了一旁午睡的老头子。

那老头子赶紧起身，关切地看着老太太，顺手倒了一杯水。老太太就捧了暖暖的水杯，看着自己的男人，想，自己和这个男人过了这一辈子，还有什么遗憾吗？好像没有吧？

这个男人，心思实在细腻得可以。对这个家，也实在没话可说。再苦再难，都把他们娘几个，照顾得妥妥当当的。两个人虽然在一起，极少有什么话，却有着多年培养出来的默契。有时候，就默默地坐在一起，手握着手，什么也不说，都能静静地坐上那么一天。

老太太就想起老头子为了这个家，付出的一切。

还记得一年秋天，二小子要上学，学费成了问题，家里也好久没有见到荤腥了。老头子就在屋子里坐了很久，然后起身说，去找人借。找谁借？其时他们在那个城市，一个亲戚也没有。寥寥的几家朋友，也都是一穷二白。谁知到了傍晚，老头子果然就带回来了儿子的学费，手里还破天荒地拎了一只活鸡！

那个晚上，一家人，暖暖和和地在一起，好像过年一样地快乐。

可是，可是她却在晚上给老头子换衣服时，发现了袖弯里，有淡淡的一点血迹。就赶紧去看熟睡中老头子的胳膊，就看见了他肘弯处，一个醒目的针眼，还有好大一片淤青。

啊！这个汉子！这个男人！这个老头子！！

为了这个家，也是一身的病了。八十多岁的人了，却每天依旧忙忙碌碌的，仿佛是一台不知疲倦为何物的机器。

而自己，自己当初嫁给他的时候，是多么多么地伤心，多么多么地不情愿啊。现在牵手走了这么多年，却只有他一直陪在自己身边，不离不弃，始终如一。

老太太这样想着，眼睛里就渐渐地潮湿起来。忽然，就有些孩子气，就轻声地问眼前这个男人：“老头子，说说看，如果有下辈子，还愿意和我做夫妻吗？”

老头子被老太太这个突兀的问题，弄得愣了一下，就展开满脸的核桃纹，笑得很神秘，“不一定喽，如果下辈子，我托生成了大官财主，就去找你，让你好好地跟我享享福。如果，如果还是这么穷，就不喽，就帮着你，帮着你找一个有钱的人家。我呢，我就在你家附近，远远地看着你，只要你能过得好，就成了。”

老太太很感动，就幸福地笑着说：“你个臭老头子，还在我家附近，在我家附近干什么？”

老头子就转头，认认真真地看着心爱的女人，认认真真地说：“不干什么，就，就做个教书先生吧。”

老太太就突然愣住了，哀伤地看着这个和自己共度了一生的男人。想说什么，却什么也说不出来，眼里的泪，却无休无止地流了下来。

过了很久，老太太深情地说：“老头子，我要走了，抱抱我吧。”

老头子就慢慢地起了身，轻轻地，轻轻地把老太太搂在怀里。老太太就在老头子耳边，呢喃着说：“老头子，下辈子，咱，还做夫妻啊……”

老太太和老头子的小孙女儿，放学回家的时候，看到夕阳西下，火红的霞光，将老头子和老太太满满地笼罩在一起。就说：“羞羞，爷爷，奶奶，看不出你们还这么浪漫啊。”

小孙女儿惊讶地发现，老太太和老头子，幸福地相拥着，已经双双去了。

Youth

Title /珍爱那些晨风中老去的少年
Author /佚名

有些游戏一辈子只玩一次

第一次见于斌时，我穿着白衬衣，化妆品只用口红。那支口红在我脸上轻快地跳舞，淡淡地涂一层在嘴唇，再抹一点在脸颊，最后轻轻地抹一点当眼影，于是一个粉面桃花的心慧就出现在于斌面前。

四月的樱花树下，我干净地笑着，带一点不安，眼睛望着脚尖。这种局促只属于少女时代，现在的我太成熟了，知道如何去表演从容。

那一场恋爱，是可以让我放弃所有的。我可以吃很少的东西，睡很短时间的觉，跑很远的路去看他。为了买一张漂亮的信纸给他写信，我从城东跑到城西。有一次，仅仅是因为一周不能见面，我泪流不止，告别后又折回去找他，和他相拥着吃完晚餐，再由他骑自行车送我回去，听深夜街道上链条的响声。

想起这些来，现在都觉得不可思议。我从不欲擒故纵，不懂得爱情技巧，只知道我是那么欢喜，与他在一起就够了。

阳光少年于斌，会在下雨天，跑很远的路，只为采一把雏菊送给我：心慧，你喜欢。第二天，太阳出来了，我在布衣上别了一朵雏菊，美丽的心情也随着花朵摇曳。

很多时候，我们会玩一个只属于我们的对眼游戏。两人隔着一拳远，眼对眼坐着，一分钟、两分钟……谁能坚持到最后，谁就赢了。通常我会笑出声，而于斌能在我的逗笑中再坚持一会儿。我输了，于斌让我闭上眼，轻轻吻一下我的额头，而我也心甘情愿接受甜蜜的惩罚。

那是多么美好的时光。我突然想起一句话：美好的时光都不是用来享受的，而是用来辜负的。

我们只有回过头，才会看到它的洁净、美丽。到最后，我们玩对眼游戏时，于斌的眼神有了躲闪，我的心凉了下来，我们已没有结局。

只想在生活之外的地方跳跳舞

大学毕业后，因为清瘦苗条、极好的舞蹈感觉，很长一段时间，我工作之余就在业余舞蹈培训班教舞蹈。

那时，我喜欢穿黑色衣服，盘高高的发髻，露出光洁的额头。我的眼神依旧纯净，却不再局促，眸子里多了很多内容。

培训班窗口对着一个地铁站出口，我能感觉到，每天有一个中年男人在窗口停留很久。有一次，我感觉到了背后的异样，回头望去，正撞上那个男人的目光。他大概是外企白领吧，穿青灰色的风衣，夹着真皮公文包，一眼看去就知道是生活殷实、一板一眼的小中产。他很快低下了头。

没想到，第二天下午，他突然出现在我面前，有些不知所措地对我说："我看你跳舞很长时间了。你跳舞时像一只黑天鹅那么优雅，特别能打动我。你很像我高中时的一位女同学。"

我知道他接下来想说什么。我冷淡地打断他的话："如果你想学舞蹈，我欢迎，至于其他，我没兴趣。"他有些尴尬，慢慢走开了。

我以为他识趣了，没想到，次日培训班增加了一位新学员——那个男人换了一套洁白的舞蹈服走进来。他再也不主动找我说话，只是听着音乐，和着节拍舞蹈。那一刻，他的眼神明亮，旁若无人，和那个一板一眼夹着公文包的男人判若两人。我感到有些意外。

也就是那一刹那，我突然理解了这个中年男人。也许他只是为枯燥的生活所累，找不到宣泄的出口。每个人都有情感需求，这跟年龄并没关系。也许，他只是想通过这种方式，打开一个缺口。

我偶尔会对他露出真诚的微笑。我想，向别人展示一种美丽、放松，也是一件极好的事。

那期培训班结束时，在无人的教室里，那个男人对我说："谢谢你，你打开了我的一个心结。"我和他跳了一曲华尔兹，第一次，也是最后一次。

我再没遇到那个男人。他回到了他日常的生活中。

很久以后，我偶然看到日本的一个影片《谈谈情跳跳舞》。我有些心酸，生活中有太多这样的男人，他们有地位有道德感，但乏味的日子就像循环往复的地铁，让他们没法开心。他们只是需要跳跳舞，在空旷的月台上，在无人的花园里，和自己的心灵做一次对话，然后仍旧夹着公文包，回到妻子身边，只是把一个秘密藏在了心灵最深处。

他们并没有什么非分之想，请对他们好一点吧。

每个人心中都隐藏着一面海水

五年以后，我依然长发素面，不张扬却独特，一袭披肩就能风情万种，能让别人在人群中一下看到我的眼神。我有了独特的味道，多了很多对人生的理解，越来越从容淡定。

因为工作原因，我经常拎着箱子出入飞机场。直到那天，在飞机上遇到于斌。

我有一种奇妙的直觉，回头，便看到了后两排窗边的于斌。我向他露出了洁白的牙齿，像多年前一样，我们相视一笑，却隔着十年的光阴。

于斌换到了我身边的座位上。他很小心地递给我一杯咖啡，说：“你先暖暖手。”这个动作让我仿佛回到了多年前，一切尽在不言中。我问他：“她对你好吗？”我希望大家都平安幸福。

我看到他眼中有一丝不易觉察的湿润，他没想到我会说这样的话，过去应该是他给我的伤害多些。但这一切都过去了，现在他只是我生命中最老的朋友。

一路上，我们聊得非常愉快。下飞机后，于斌帮我取了行李箱，我微笑着说再见、珍重。我们没有留下联系方式，我知道他在看我的背影，但我没有留恋。这样就好了，各自回家吧，生命中的一些美丽碎片，就让它留在回忆中吧，就像电影中的片断，定格是最好的落幕。

回家的第二天，丈夫的母亲病了，我陪他一起回老家。他的老家在一个江南小镇，在那种带小花园的老房子里，可以在春天闻到栀子和蔷薇的花香。

三月还有些清冷的夜里，我陪着他在小院里散步。他一下拉紧了我的手，显得很激动，“你知道吧？这像是回到了从前，我最美好的时光就是在这里度过的啊！”他对我讲，曾因为看一场电影回来晚了，怕母亲骂，他从墙头偷偷爬下来，溜回房里。真有意思，我没有问他和谁一起看的电影，那并不重要。那天，他兴致很浓，带着我到附近的小巷子里吃清汤丸子。大青瓷碗，丸子上漂着几片青绿的荠菜叶，养眼养心。我们点了一小壶小镇酿的酒，慢慢喝着，唠着他少年时代的故事，停停歇歇。

这个男人讲起过去的时光，两眼发光，有盈盈的东西在闪动。那一刻，我特别怜惜他，每个男人曾经都是别人的宝贝呀。这样的夜晚，月色清冷，春天的粉白花瓣被吹落，在风中细碎地飘散，吹乱了每个人心中隐藏的一面海水。

晚上，在丈夫少年时代的房子里睡觉，他已有些微醉，睡着了。而我，打量着房间里的书架、旧书、木板床，扑鼻而来的是窗外阵阵的花香，一轮黄色的月亮皎洁寂静。我再一次动容，我想起那些清凉晨风中的温良少年，他们正在逐渐老去，请安静地珍爱他们吧！

Dedication

Title /生命的姿势
Author /佚名

在海拔1200米的大山上，有一所破旧的村小，老师来了一拨又一拨，走了一拨又一拨——因为这里条件太差。

庹云平是这个村的村民，也是这个村少有的高中生。他退伍返乡后，当上了这个村小的代课老师，一干就是24年。24年里，没有亲生子女的他，用“父爱”坚守一个信念。

庹云平给烤烟棚的炉子加了几块柴，把病中的妻子扶到烤烟棚前临时搭的床铺上，提醒妻子按时查看温度，按时加柴。然后，他钻进密林出门了——本来，患肝癌五年的妻子离不开人照顾，但开学第一天，他不得不撇下妻子到村小给学生报名。尽管假期里，庹云平参加全市举行的代课教师“转正”考试顺利过关，成了一名公办教师，但看到妻子的病情越来越重，他无法高兴！

13名学生的学校

“13个，不是最少的。”

庹老师所在的学校叫构家小学，位于彭水新田乡海拔1200多米的西山盖。

空旷的山顶上，片石砌就的围墙摇摇欲坠。围墙里面，便是构家小学。那是上世纪70年代的建筑，瓦木结构，分上下两层。因三十多年的风雨侵蚀和人为损坏，房子破旧不堪。楼上两间教室和两间老师宿舍的楼板早已不知去向。因漏雨，礼堂地面已形成三个大小不一的水坑。楼下两间教室敞开着，纸屑、尘土、雨迹遍地，褪色的课桌横七竖八，教室光线暗淡，三扇木窗均已破损。

庹老师到校太早，学生们还没来。他先将课桌一张张安好，再从教室一角找来一把半截扫帚，把两间教室打扫了一遍。扫完地，学生们陆续到来，冷清一个多月的学校恢复了生气。

庹老师为学生报完名已是中午时分，经清点，只有9名学生按时报名，还有4人没来。庹老师告诉同学们，因四年级要学英语，三年级的15个同学，这学期全部转入中心校。由于学前班招不起生，这学期学校只有一年级的13名学生。

“13个，不是最少的。”庹老师在学校的24年，学生最多时有60名，两个老师，但那只持续了3年，其余都是他一个老师。学生最少时仅8人。

24年来，不管多少学生，庹老师都要按年龄编成两个班。为解决每个班的上课矛盾，他把一节课由45分钟改成1小时，先给一个班上半小时课，然后布置半小时作业，之后赶紧到另一班上课。他把这种授课方式称作复式上课。“教书24年，我有21年上复式课。”庹老师说，师资不够，这是没办法的办法。

24年不懈的守望

“当上老师，我就成了文明使者。”

这学期开学前，庹云平一直是代课教师。1979年，正读高三的庹云平应征到成都空军某部服役。三年义务期满，他退伍返乡。其时，村小学生人数猛增，师资紧缺。他退伍的第二年，村支书廖世荣和中心校校长找他谈话，希望他能到村小当代课老师。“我做了几次工作才说服他。”至今仍担任村支书的廖世荣清楚记得，庹云平当时是村里500多村民中屈指可数的高中生，加上当过兵，是代课老师的最佳人选。起初，庹云平很犹豫，但经廖书记和中心校校长的软磨硬泡，他同意了。

“当上老师，我就成了文明使者。”庹云平很在乎村支书和中心校校长的信任。他下决心，一定要教好书，当好孩子的引路人。从此，庹老师每天从位于西山盖半坡的家往返于村小。从家到学校，得沿着浓密的丛林走1个多小时崎岖山路。

庹老师当上村小代课老师前，村小还有一名叫刘洪的代课老师。刘洪是山下马峰村人，每天从山下往返村小一趟，得赶6个多小时山路。因路途太远，年近六旬的刘老师与他共事不到三年，便离开了。刘老师走后，不管是正式老师还是代课老师，再没人愿在构家村小待多久。也就从那时起，庹老师既是老师也是校长。

“没想他能坚守村小24年！”廖书记说，除了庹老师，刘洪坚持三年，是最长的。此前，来了很多老师，无论公办的还是代课的，没人能待上两年。好几个老师待了一学期，说什么也不愿待下去。甚至有新分配的师范毕业生，一说到构家村小，连工作也可以不要。

无愧学校有愧妻

“我曾有过放弃教书的念头。”

庹老师为9名学生报完名，外面已下起小雨。由于新书没到，无法上新课，他领头和学生们唱完《上学歌》，便和学生们玩起老鹰抓小鸡游戏。游戏玩得正高兴，他伸头往外一看，雨停了，他立即宣布放学。

把学生送出校门，庹老师还得下山到乡上的中心校领新书。

从村小到中心校虽有一条村道，由于路面很烂，鲜有车辆行驶。庹老师为学生背书得抄小路，每次背书，来回得6个多小时。24年来，学生们的新书，全是庹老师用背篼背上山的。“13名学生的新书，我得往返两趟。”庹老师刚到村小代课时，学校有50多个学生，仅背新书他得往返五六趟。那时，庹老师年轻，不感觉累，现在，庹老师背一趟身上要痛好几天。

“岁月不饶人啊！”庹老师叹息。

到中心校领书的途中，庹老师顺便回了家。见妻子守在烤烟棚前，他看了一下炉温。炉火烧得很旺，他叮嘱了妻子几句，才背起背篼上路。

“我无愧于教师这个职业，但愧对妻子！”庹老师的妻子冯国淑五年前被诊断为肝癌，治病花了大量费用不说，重要的是妻子病后再不能下地干活，所有农活便落在他一人身上。庹老师的妻子很能干，得病前家里的农活基本是她一人顶着。自妻子得病后，庹老师每天早上天不见亮就得起床，在坡上干一趟农活后才到校上课。五节课上完，又得风风火火回家干活，直到天黑……

“我曾有过放弃教书的念头。”庹老师刚当代课老师时，每月工资18元，十多年后涨到170元，直到这学期开学前，他的工资每月330元。这点工资对家里来说，实在有些捉襟见肘。庹老师的家是祖上留下的百年老屋，堂屋与哥哥共用外，属于他的房子只有一间厨房和一间卧室。厨房光线暗淡，卧室被一张旧木床和几件褪色的家具挤得满满当当。

“以前我没从钱上计较，只想到大山的落后需要文明来推动，贫困家庭的孩子需要知识来改变命运。”但自妻子病后，庹老师才真正体会到钱对于一个家庭的重要性。也就在那些日子，他发现，原来很多经济不如他家的村民，通过外出打工，家境纷纷超过了他。给妻子治病的万多元钱，他是向这些村民借的，至今欠着。更让他内疚的是，结婚几十年，没让妻子过上几天舒坦日子，没给妻子买过几件像样的衣服。妻子患上肝癌后，每天还得拖着病体干家务。想到这些，他有些动摇。

“凭我的劳力，如果不到村小代课，我的庄稼肯定是组里种得最好的，家境也不至于这样。”那个假期，他向中心校校长提出不干了。校长得知他的情况后表示同情，只说了一句：“你不干了，谁来接替呢？”看到校长为难的样子，庹老师心软了，连续几个晚上，学生们活泼可爱的样子和校长为难的神情让他睡不着觉。开学前，他找到校长，收回了退缩的念头。

“我的儿女遍山坡”

“没有自己的孩子，我只能把父爱倾注给学生。”

“妻子虽没为我生下一儿半女，但她的付出比生了儿女要多好多倍。”庹老师和妻子没有自己的小孩。

“没有自己的孩子，我把父爱倾注给学生。”庹老师认为命运对他很公平。虽然他不能拥有亲生的孩子，但当老师能让他接触更多的孩子。24年来，庹老师对每个学生都像对自己抱养的儿女一样，真心呵护着。

“他为很多家庭贫困的孩子垫过学费。”妻子冯国淑心地善良，但有时难免埋怨丈夫。她说，丈夫教书本来就没多少收入，每学期开学，遇到交不起学费的贫困生，他总是先掏腰包垫上，讲信用的家长，有了钱会及时偿还；不讲信用的，有了钱也不愿还。“至今还有离校十多年的学生欠他的学费。”面对妻子的埋怨，庹老师只好嘿嘿赔笑，“人家不还总有原因，要么的确没钱，要么可能忘了。”

“庹老师像慈祥的父亲。”庹老师教的第一届学生廖会文，大学毕业，现在永川工作。在他记忆中，庹老师每天上学背一个背篼，路上，经常将年幼的学生背到学校。

“不管哪家的孩子，只要真心去爱，都能找到当父亲的感觉。”庹老师对待学生的态度，少数村民很不理解，认为他对别人的孩子再好也是白搭。面对这样的村民，庹老师回应：“谁说我没有孩子，遍山遍坡都有我的儿女。”

To the world you may be one person, but to one person you may be the world.

Girl

Title /绣

Author /佚名

午后的阳光穿过老屋敞开的门，照在一双长满冻疮的小手上，女孩静静坐在父亲的病床前，神情专注。她的手拿起了一根针，麻利地穿针引线。线很长，在她手里却变得很乖。一针又一线，一幅美丽的图案渐渐成形。女孩在绣花。

女孩绣花，不是因为喜欢，而是为了生活。绣一幅需要20多分钟，能赚1元钱。一天她能绣十五六幅。这些钱，是她一家的生活费。其实，家里也就是她和父亲两个人。而现在，父亲已是癌症晚期了。

女孩15岁，初二，绣花已经5年了。

不幸家庭里有个懂事的女孩

女孩从小就没了母爱。母亲是乐清人，因为受不了山村的清贫生活，在10年前的那个春天，抛下了只有5岁的她，离开了山村，从此杳无音信。这么多年来，就连给女儿写封信和买件衣服也没有。

很多年来，女孩一直是和父亲一起生活。因为穷，父亲就去赌博，2008年11月，他被抓了，判了刑。

去年5月，父亲从高墙出来后，为了女儿，他决定洗心革面重新做人。但为时已晚，去年9月，他一天到晚不停咳嗽，咳得很凶。到医院检查，是肺癌晚期。

借了6万多元钱在宁波市第一医院治病后，父亲自知无望。为了不给女儿增加负担，他决定放弃治疗回老家。

住院的几天，女孩每天给父亲洗脚，擦脸。她想多陪父亲一些日子，请了假。父亲就劝说女儿回学校上课，他不希望耽误女儿的学业。

最后，父亲连续4天没有进食，医院下了病危通知书。医生表示，他出院后回家，生命不会超过24个小时。

回到老家，女孩一连守了父亲两个晚上。奇迹发生了，35岁的父亲仍坚强地活着。

现在，女孩每天放学回家的第一件事就是给父亲做些护理。

然后，守在父亲的病床前，拿起针线绣花。因为这是他们唯一的经济来源。

手上长满冻疮，绣花依然飞快

其实，早在5年前，女孩就开始绣花了。因为她知道家里穷，父亲挣钱养家不容易。她不想父亲那么辛苦。

当时，正好村里有一种绣花的针线活，可以拿到家里做，每绣完一只花边，就有一元工钱。女孩就去学绣花，想挣点钱当生活费或者贴补家用。

因为女孩家的特殊情况，村内很多热心妇女都同情她，都愿意教她怎样绣花。于是，女孩常常在放学或在双休日做好作业后，开始另一个作业——绣花。

一位经常教女孩绣花的大婶说，这孩子学针绣很认真，一只花边只要二三十分钟就可以绣好了，不比成年人干得慢。

就这样，5年来，女孩把绣花当成了自己的一份“天职”，自己也不知道绣了多少。由于长期做针绣，每到冬天，她的小手都会生满冻疮。为了让手指灵活，她不能戴手套。

今年冬天，女孩的小手又长满了冻疮。奇痒难忍，女孩抓破了手上的皮，但女孩绣花的速度依然飞快。

要用自己的小手，挣钱给爸爸看病

这段日子，父亲需要钱治病，女孩绣花更加卖力了。每天只要一有空，女孩就会坐下来认真绣花。女孩说，她要让父亲看到女儿很坚强，已经学会了生活的本领。

女孩在一篇作文里这样写道：父亲治病要花大钱，自己还小，没有钱给父亲治病，希望用自己的这双手，绣花挣钱给爸爸看病。虽然只有一点点的钱，只要努力做，把钱省下来，就会慢慢变多了。

女孩的班主任说，5年来，女孩的学习成绩也一直很好。她现在是班里的学习委员、副班长，学习成绩在初二年级段里排名前20位。她是个乐观好学的女孩。

Slowly

Title /孩子，你慢慢来
Author /佚名

一天中午，一个捡破烂的妇女，把捡来的破烂物品送到废品收购站卖掉后，骑着三轮车往回走。

经过一条无人的小巷时，从小巷的拐角处，猛地窜出一个歹徒来。这歹徒手里拿着一把刀，他用刀抵住妇女的胸部，凶狠地命令妇女将身上的钱全部交出来。

妇女吓傻了，站在那儿一动不动。歹徒便开始搜身，他从妇女的衣袋里搜出一个塑料袋，塑料袋里包着一沓钞票。歹徒拿着那沓钞票，转身就走。

这时，那位妇女反应过来，立即扑上前去，劈手夺下了塑料袋。歹徒用刀对着妇女，作势要捅她，威胁她放手。妇女却双手紧紧地攥住盛钱的袋子，死活不松手。妇女一面死死地护住袋子，一面拼命呼救，呼救声惊动了小巷子里的居民，人们闻声赶来，合力逮住了歹徒。

众人押着歹徒搀着妇女走进了附近的派出所，一位民警接待了他们。

审讯时，歹徒对抢劫一事供认不讳。而那位妇女站在那儿直打哆嗦，脸上冷汗直冒。民警便安慰她："你不必害怕。"妇女回答说："我好疼，我的手指被他掰断了。"说着抬起右手，人们这才发现，她右手的食指软绵绵地耷拉着。宁可手指被掰断也不松手放掉钱袋子，可见那钱袋的重要。

民警便打开那包着钞票的塑料袋，顿时，在场的人都惊呆了，那袋子里总共只有8块5毛钱，全是一毛和两毛的零钞。为了8块5毛钱，一个断了手指，一个沦为罪犯……

一时，众人哗然。

民警迷惘了：是什么力量在支撑着这位妇女，使她能在折断手指的剧痛中仍不放弃这区区的8块5毛钱呢？他决定探个究竟。所以，将妇女送进医院治疗以后，他就尾随在妇女的身后，以期找到问题的答案。

令人惊讶的是，妇女走出医院大门不久，就在一个水果摊儿上挑起了水果，而且挑得那么认真。她用8块5毛钱买了一个梨子、一个苹果、一个橘子、一个香蕉、一节甘蔗、一枚草莓，凡

是水果摊儿上有的水果，她每样都挑一个，直到将8块5毛钱花得一分不剩。

民警吃惊得张大了嘴巴。难道不惜牺牲一根手指才保住的8块5毛钱，竟是为了买一点水果尝尝?

妇女提了一袋子水果，径直出了城，来到郊外的公墓。妇女走到一个僻静处，那里有一座新墓。妇女在新墓前伫立良久，脸上似乎有了欣慰的笑意。然后她将袋子倚着墓碑，喃喃自语："儿啊，妈妈对不起你。妈没本事，没办法治好你的病，竟让你13岁就早早地离开了人世。还记得吗？你临去的时候，妈问你最大的心愿是什么，你说：我从来没吃过完好的水果，要是能吃一个好水果该多好呀。妈愧对你呀，竟连你最后的愿望都不能满足，为了给你治病，家里已经连买一个水果的钱都没有了。可是，孩子，到昨天，妈妈终于将为你治病借下的债都还清了。妈今天又挣了8块5毛钱，孩子，妈可以买到水果了，你看，有橘子，有梨，有苹果，还有香蕉……都是好的。都是妈花钱给你买的完好的水果，一点都没烂，妈一个一个仔细挑过的，你吃吧，孩子，你尝尝吧……"

Troupe of little vagrants of the world, leave your footprints in my words.
natural clover

Fly

Title /真情纸飞机
Author /童话

赢了世界丢了她

我是个幸运的男人，30岁不到就拥有千万家产。妻是我的大学同学，儿子健康活泼，这样的一家曾是幸福的代名词。可是，我将幸福弄丢了。男人有成功的事业，身边的女人就多了。妻忍受不了我的花心，坚持要离婚。

三个月后，我在幼儿园门外再次见到她，她和儿子走在冷风里，一边走一边唱着儿歌，她瘦了很多。我将车停在他们身边，命令道："这么冷，快上来。"

妻问儿子上车吗？儿子不看我，说："妈妈，咱们走吧。"我的心被揪了一下。

当年为了我，她将教师的工作辞掉，全心照料我和儿子。离婚时，妻没向我要财产，甚至没要儿子的抚养费。她住在父母家，我知道她的生活肯定有困难，想为她做点什么，可是话一出口就是改不了强势口吻。

妻子不拒绝我看望儿子，只是她不肯见我，也不接我的电话。我把电话打到家里，她叫儿子接，自己不会多说一句。

偶然一次，听朋友说见到妻和一高个子男人逛建材市场。我心里很不是滋味，一夜没睡好。第二天给她打电话，冲她吼道："你疯到哪里去了，儿子也不管，你想干什么？"她说："我干什么跟你没关系。"

后来听儿子说，她开了家幼儿园，我才知道她早出晚归的原因。可一想到柔弱的她要独自处理复杂的事务，心里还是揪得很疼。在我心里，她仍是我这辈子认定的妻子。她怎么就能对我的关心无动于衷呢？

我想约她出来聊聊，她说没必要，我一听就火了。她淡淡一笑，说："你的态度我接受不了，不希望你施舍时间和金钱给我。"

我愣住了。我是堂堂老总，说话从来都是掷地有声的啊。

想疼爱却学不会

她的幼儿园只开了一年，听儿子说，妈妈在幼儿园里晕倒了，姥姥不让她继续工作。我心疼不已，这个傻女人怎么不知道爱惜自己呢？

我将钱给孩子的姥姥，老人没收，说：“钱买不来原谅。”我只有将钱塞进孩子的书包里，想到终于为她和儿子做了点实际的事情，我心里畅快许多。

离婚后，我身边有更多女人围绕，我带她们吃饭、看电影、买衣服，可内心就是找不到安稳的感觉。

转眼离婚三年了，我挂念儿子和妻，可妻不原谅我，不给我任何机会。

儿子说她的文章上杂志了。我不知道是哪本，只好将报亭里的杂志全买回来，躲在车里找，越找心越慌，不知道她在文章里如何描述自己作为单亲家长的凄苦生活。看到她的文字，我放下心来，文章里没有痛苦，都是日常生活的快乐，她笔下的儿子活泼而善良。

以前她过生日，我会请一大群朋友在酒店开派对，从不在意她是否真的开心，我以为，女人都会喜欢奢华的生活。这次，妻过31岁生日，我特地选了一个新款LV包托儿子带给她。

彩纸寄情赢真心

她约我出来，谢谢我多年来对她和儿子的照顾，谢谢这个昂贵的生日礼物。我说都是我应该做的。妻说："现在已经离婚了，没有必要再送礼物，即使不再见面，我也会好好带大儿子，这是我的责任。"我说不出话来。月光下，妻静静地站在我面前，说："你知道吗？哪怕你肯叠个纸飞机哄哄我，我都会感到你还是从前的你。"

我一把抱住妻，一个劲地说："我错了，真的错了，对不起。"她的眼泪落下来，一颗颗砸在我身上。妻纤细的手指在我掌心微微发抖。此时，我不想做所谓的成功男人，我只想好好珍惜眼前这个女人。但她最终还是挣脱我，默默离去。

第二天，我问儿子："妈妈背那个包了吗？"儿子说没有。他指着路边的小店说："妈妈说，你以前总是给她叠纸飞机的。"

我一下子明白过来，拉着儿子冲进店里，买下所有的彩纸。儿子和我在车里认真折起来，折好了就用丝线穿起来。妻走过来，要接儿子上楼，我拎着一串串纸飞机，不知道说什么好，还是儿子嘴快："这些都是爸爸叠的，他要你开心。"我对妻说："这是送给你的生日礼物，晚了一天，对不起。"妻的眼泪落下来，我笨手笨脚地给她擦，可是她的眼泪越擦越多。

我确信，这次我真的触碰到她那颗心，找到了妻一直为我保留的那个位置。后来，我们复婚。在快乐的日子里，我终于明白，男人成功后，不应该飘在虚浮的空中，如能保有平常心态，他的幸福就不会走弯路。

What you are you do not see, what you see is your shadow.

Father

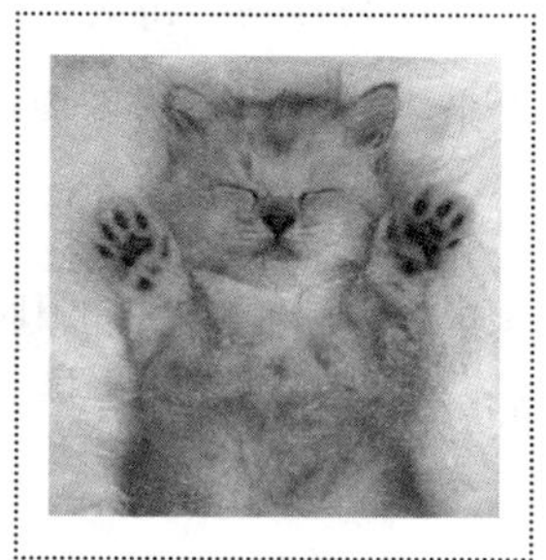

Title /小抄写员
Author /佚名

叙利奥是小学五年级的学生，十二岁，是个黑头发、白皮肤的男孩子。他的父亲是铁路上的职员，还有好几个比叙利奥小的儿女，一家人过着清苦的生活，钱总是不够用。父亲不因为孩子多觉得累赘，一味爱着他们。他最喜爱叙利奥，只是对他的功课却一点儿也不放松。他希望儿子早点毕业，找个比较好的工作，来补贴一家人的生活。

父亲年纪大了，因为一向辛苦，脸上看起来更老。一家人的生活全压在他肩膀上。他白天在铁路上工作，晚上又从别处接了文件来抄写。每天夜里趴在桌子上要写到很晚才睡。最近，有个杂志社托他写给订户寄杂志的签条，要用很大的正楷字写，每五百张签条给六角钱。这工作很辛苦，老人常常在吃饭的时候向家里人叫苦："我的眼睛似乎坏起来了。这样的夜工，会缩短我的寿命呢！"

有一天，叙利奥对父亲说："爸爸，我来替您写吧。我能写得和您一样好呢！"

但是父亲无论如何不答应："不要。你应该用功念书。功课是你的大事情，就是一个钟头，我也不愿意占用你的时间。"

叙利奥知道父亲的脾气，不再请求，只暗自在想办法。每天晚上，他到半夜才听见父亲停止工作，回到卧室去。有好几次，十二点钟一敲过，就听到椅子向后拖的声音，接着就是父亲轻轻地回到卧室去的脚步声。

一天晚上，叙利奥等父亲睡了以后，下床悄悄穿好衣服，轻轻地走进父亲写字的房间，把煤油灯点着。桌子上放着空白的签条和杂志订户的名册，叙利奥就仿照父亲的笔迹写起来，心里又欢喜，又有些害怕。

写了一会儿，签条渐渐多了，他放下笔，搓搓手，提提精神再写。他一面微笑着写下去，一面侧着耳朵听有没有动静，只怕被父亲起来看见。他写到一百六十张，算起来值两角钱了，方才停手，把笔放在原处，熄了灯，蹑手蹑脚地回到床上去睡。

第二天吃午饭的时候，父亲很高兴，拍拍叙利奥的肩膀说：“哎，叙利奥！你爸爸还真是没有老哩！昨天晚上三个钟头的工作比平常多做了三分之一。我的手还很灵便，眼睛也还没有花。”

叙利奥虽然不说什么，心里很快活。他想：“爸爸不知道我在替他写，还以为自己没有老呢。好！就这样做下去吧！”

每天晚上到了十二点钟，叙利奥就起来工作。这样过了好几天，父亲仍旧没有发觉。只有一次，父亲在吃饭的时候说：“真是奇怪！近来灯油突然费得多了。”叙利奥听了暗笑，幸而父亲没再说别的。此后，他仍旧每夜起来抄写。

叙利奥因为每夜睡眠不足，早上起来觉得疲倦，晚上复习功课的时候要打盹儿。一天晚上，叙利奥做功课，竟趴在桌子上睡着了。

“喂，用心，用心！做你的功课！”父亲拍着手叫他。叙利奥睁开眼睛，继续复习。可是第二个晚上，第三个晚上，又同样打盹儿，而且情形越来越不好，不是趴在书上睡着了，就是早上起得很迟，复习功课的时候，总是带着疲倦的样子，好像对功课厌倦了似的。父亲看到这种情形，屡次提醒他，最后甚至动怒了，虽然他是一向不责骂孩子的。

一天早上，父亲对他说：“叙利奥！你怎么啦？你和从前相比，不是变了个样子吗？注意呀！一家人的希望都在你身上呢，你知道吗？”

叙利奥出世以来第一次挨骂，心里很难受。他想：“是的，这样的事不能长久做下去，非停止不可。”

可是这一天吃晚饭的时候，父亲很高兴地说：“这个月比上个月多挣了六元四角钱呢！”他从抽屉里拿出一袋糖果来，说是买来庆贺一下的。孩子们都很高兴。叙利奥也重新振作起来，心里暗暗对自己说：“唉，还是继续做下去。白天多用点儿功，夜里仍旧工作吧！”父亲接着说：“多挣六元四角钱虽然很好，只是这个孩子——”说到这里指着叙利奥，“他实在使我伤心！”叙利奥一声不响地受着责备，忍住了就要流出来的眼泪，心里却很欢喜。

这样过了两个月，父亲仍旧责骂他，对他的态度更加不好了。有一天，父亲到学校去找老师，问叙利奥的情况。老师说：“他的成绩还好，因为他是很聪明的。但是不及以前用心了，每天总是打呵欠，好像总想睡觉，心不能完全放在功课上。”

晚上，父亲把叙利奥叫到身边，更严厉地对他说：“叙利奥！你知道我为了养活一家人，怎样地辛苦工作。你不知道吗？我为了你们，是拿命在拼呢！你竟什么都不想，也不管你父母弟妹怎样！”

“啊，不是这样！您不要这样说，爸爸！”叙利奥含着眼泪恳求说。他真想把经过的一切说个明白，可是话到了嘴边又咽了下去，心里反复说：“哎呀，不能说，还是一直瞒下去，帮爸爸做事吧。学校的功课是非学好不可的，但是更重要的是帮助父亲养活一家人，稍微减轻父亲的疲劳。对，这样做对！”

又过了两个月，叙利奥继续夜夜工作，白天疲倦不堪；父亲见了儿子，仍旧动怒。最伤心的是父亲对儿子渐渐冷淡了。他好像认为这孩子太不听话，是没有什么希望的了，于是不跟他多说话，甚至不愿看见他。叙利奥看到这样子，伤心得不得了。疲劳加上伤心，他的身体越来越弱，脸色越来越苍白，学习似乎更不用功了。他自己也知道，夜晚的工作非停止不可。每天晚上上床的时候，他常常对自己说：“从今夜起，真的不再起来了。”可是一到十二点钟，这个决心不知不觉又动摇了，好像睡着不起来，就是逃避了自己的责任，偷用了家里的两角钱一样。于是他忍不住仍旧爬起来。

有一天吃晚饭的时候，母亲觉得叙利奥的脸色比平常更坏了。她说：“叙利奥！你不舒服吗？”说着又对她丈夫说：“叙利奥不知怎么了，你看看他脸色发青呢！——叙利奥！你怎么啦？”

父亲瞟了叙利奥一眼，说：“那是他自作自受。以前用功的时候，并不是这样的。”

“会不会是因为他有病呢？”母亲说。

“我早已不管他了！”父亲接着母亲的话说。

叙利奥听了心里像刀割一样。父亲竟不管他了！就是这个过去连他咳嗽一声都要担心得不得了的父亲。父亲确实不爱他了，眼里已经没有他这个人了。“啊，爸爸！没有您的爱，我是活不下去的！——无论怎样，请您不要这样说。我全说出来吧，不再瞒您了。只要您仍旧爱我，无论怎样，我一定像从前一样地用功。啊，这一次我真下了决心了！”

叙利奥的决心仍旧没有用。习惯的力量使他半夜又起来了。下床点着了灯，看见桌上的空白纸条，忍不住又拿起笔开始写了。忽然手一动，把一本书碰落在地上。叙利奥吓得坐也坐不稳了。他侧着耳朵，屏住了呼吸静听，听不见什么响声，一家人都睡得好好的。他这才放了心，接着工作。

不知什么时候，父亲已经站在他的背后了。他那白发苍苍的头俯在叙利奥的黑头发的小脑袋上面，看着那钢笔尖在动。过去的一切事情，父亲全都明白了。他胸中充满了无限的懊悔和慈爱，一动不动地站在那里。

叙利奥忽然觉得有人用两只发抖的手抱住了他的头，不觉呀地叫了起来。等他听出是父亲的啜泣声，他叫着说：“爸爸！原谅我！原谅我！”

父亲忍住眼泪，吻着儿子的脸说：“倒是要你原谅我！明白了，一切都明白了！我真对不起你。快来！”说着，他抱起儿子，走到母亲的床前，把儿子放到母亲的怀里。

“快亲亲这好儿子吧！可怜，为了维持一家的生活，他四个月来竟没有睡过一次整夜觉，我还那样地责骂他……”

母亲抱住儿子，几乎说不出话来："好宝贝，快去睡吧！"

叙利奥疲劳到极点了。几个月来，到今天他才好好地睡一觉，连梦也做得快活。醒来的时候，太阳已经升得很高了。忽然发现床沿上靠近自己胸口的地方，横着父亲白发苍苍的头。原来父亲夜里就这样把头贴近了儿子的胸口，这时睡得正熟哩。

If you were a teardrop in my eye, For fear of losing you, I would never cry.

Run

Title /我曾在月光下奔跑
Author /乔叶

我听人说如果在月光下奔跑，就可以让去世的亲人看见自己。恰好那天晚上月光很好，我便在月光下奔跑了很长一段路。

——题记

爸爸妈妈：

你们一定很好，我知道。昨天，去商店买电池，一对母女在看衣服，母亲正拿着一件桃红色外套在女儿身上比画，说：大了点儿，大了点儿。她的背影让我一下子就看到了妈妈。然后，路过菜场，我看见一个身材瘦高稍微佝偻的中年男人拎着两包粉丝，穿着深蓝色的中山装，默默地行走在人流中。我有意绕到他的身边，听见他轻轻的咳嗽声，像极了爸爸。

你们都是最平凡的人。谢谢你们的平凡。

因为你们的平凡，我才可以从每一个适龄男女身上重温你们。这让我觉得，你们从未离开过我。你们的天堂和我的人间一直融合在一起，天堂和人间似乎根本没有什么区别。天堂亦是人间，当然，人间也是另一种意义的天堂。只不过许多人不明白而已。而我之所以懂得，是因为你们。你们让我成为一个清醒的天使。

爸爸离开的时候，我十五岁。伤悲刚刚平复了一些，妈妈又离开了。你们走后，我们兄妹五个虽然各自成家，却也都有点儿像野孩子：自由自在的同时也无依无靠。

因此我曾经无数次痛恨过命运的苛刻和歹毒，但，现在，我的喋喋不休早已沉寂———大哥因为工作失误身陷囹圄四年，刚刚出来；二哥离异，开一家药店，大哥正帮他经营；小弟夫妇因为经济问题畏罪潜逃，经多方努力才归案自首，现在都被判了缓刑……我和姐姐算是比较平安的，但也跟着他们一波起一波落，十指连心，流血，剧痛。在经历了这么多事之后，我终于不再抱怨。

我学会了感谢，感谢一切。

在一篇名为《谢辞》的短文中，我这样表达了自己的谢意：“痛苦之前我感谢生活，她给我平安；之后我感谢生活，她给我幸福；之中我感谢生活，她给我体验。繁华之前我感谢生活，她给我安宁；之后我感谢生活，她给我沉静；之中我感谢生活，她给我高潮。罪恶之前我感谢生活，她给我简单；之后我感谢生活，她给我深沉；之中我感谢生活，她给我挣扎。丑陋之前我感谢生活，她给我妩媚；之后我感谢生活，她给我淡定；之中我感谢生活，她给我煎熬……我感谢生活。她值得我感谢。喜悦，残缺，遗憾，她的一切我都在感谢中照单全收。我感谢生活。她值得我感谢。每一个细节，每一种滋味，每一滴泪水掉进笑靥……”

当然，我最感谢的，还是你们。

不会再有人像你们一样爱我，我们。再也不会。

感谢你们让我们存在———也感谢你们和我们分开。因为分开，我们不得不以最快的速度成熟和成长，让心灵获得最重要的智慧和坚强。我也替你们感谢了这分开。诀别固然至痛，但也免尝了孩子们带来的纷扰和烦恼。你们可以由此享受到原始的平静安宁。这让我欣慰。

但我还是想念你们，在许多时刻。

接送孩子上学，去田野里放风筝，买一只烤白薯……每一处微小的角落里，你们都会在我的眼前跳出，栩栩如生。

一次，我听人说如果在月光下奔跑，就可以让去世的亲人看见自己。恰好那天晚上月光很好，我便在月光下奔跑了很长一段路，你们看到我了吗？我多么希望你们能看到啊。

想说的太多，说出的太少。

写了这些，才发现文字不过是最贫乏的诉说方式。

也许，根本无需这样的诉说。

每一个孩子的存在，对你们都是一种鲜活的缅怀。

我们的每一颗心，都是你们的栖居地。

我们会怀抱着最纯净的祝福与感恩，带着你们，将生活继续下去，下去。

女儿乔叶

Meet

Title /那些生命中美好而温暖的遇见

Author /风为裳

1

我记得清清楚楚，8月9日那天傍晚下班时，暴雨如注，路上的积水没过膝盖。我站在单位门口，焦急万分。已经过了下班时间快一个小时了，雨却丝毫没有小下来的意思。我不能再等下去了，给家里打了几次电话都没人接，我怕田田出事，一咬牙，把外衣蒙在头上，冲进了暴雨里。落汤鸡一样打开家里的门，喊了几声田田，都没人应，我的心慌得不行。厨房、厕所、卧室，每个房间都空空荡荡。我在楼道里上上下下找了几趟，没有。我冲到小区的门卫房那儿，问看没看到田田，一个小保安说：“大概五点左右，田田穿着雨衣，拿着伞，说要接你下班。我把他留下了，可一转眼，人就没了。我也没在意。”何田田啊，何田田，你好好的不让我操心比什么不强啊，还接我？恨得我直咬牙根。我冲保安发脾气：“你没在意？我跟你说过多少次了，他虽然18岁，可是他只有5岁孩子的智商，我拜托你们留意过他的。”保安有些不知所措，低眉顺眼地说：“大姐，我不是故意的！”

雨还在不停地下着。好天气，田田都会迷路，这样大雨天的，他会去哪儿啊？

妈临死前把田田托付给我，我是他唯一的亲人。为了照顾田田，女儿很小我就送她去住校，为了田田，老公受了很多委屈……没办法，谁叫我是他姐，是这世上唯一的依靠呢？想到这些，我擦了一把泪，总不能就这样等，我从家往单位走，一路上，使劲地看，希望可以看到缩在某一个角落避雨的田田。可是，街上除了偶尔轰隆隆开过去的车溅我一身泥水外，再就是孤零零在雨中渐渐亮起来的路灯了。街道像落光了叶子的树干，空空荡荡。

田田，你在哪儿啊？

2

我把田田丢了。那一阵，我疯了一样走街串巷找田田，报

警、贴小广告，跟老公吵。老公说："我们尽心找就行了，你也要好好保重自己，没有田田，我们的日子也还要过下去。"我眼里喷火，声嘶力竭："你早就嫌田田是个拖累了，是不是？你巴不得找不回来他，是不是？"老公不理我。女儿说："妈，你不能这么没良心说爸爸，小舅舅走丢了，爸爸也很难过。"

我的眼睛又干又涩，田田丢了，我怎么对得起你九泉之下的姥姥？

母亲弥留之际，紧紧拉住田田的手，对我说："无论怎么样，都别扔下他！"我跪在地上，跟母亲发誓，我不会，绝不会扔下弟弟。

可是，现在我把他弄丢了。他是去给我送伞……

老公有些神出鬼没，每晚吃过晚饭，都说公司要加班，匆匆出去，很晚回来。我没心思管他，那天却在他的衬衫上发现了红色的印迹。我想：如果他真的想不过，就不过了吧！我跟他吵，他什么话都不说，吃过饭依旧穿衣出去。我跟在他后面，走出小区，我看到他转进了街口的小卖店，出来时，手里拎着小桶和一沓厚厚的红色的纸单。我一下子明白过来，跑上去，抱住他。

那个晚上，我们贴了一宿寻人小广告。老公说："找到田田，我就来清理。"我苦笑了一下，老公一向是遵纪守法的人，贴这种小广告，也真难为他了。

陆续有人打电话提供线索。我跑去，有的是想趁机敲点钱，有的也是智障孩子的亲人，安慰我一下。我心里的希望一次次被燃起，又一次次灭掉。

每个晚上我都睡不着觉，田田会睡在哪儿呢？他出门时穿得很少，会不会冻着呢？会不会遇到了车祸，或者是坏人？我不敢往下想。老公说：“你要相信，这世界上还是好人多。咱们田田是个有福的孩子，一定会遇到好人的。”

再一次拿起听筒时，我听到一个女孩子清脆的声音，她说：“大姐，我这有个男孩，跟你寻人启事上写的很像，你到同福街18号‘一米阳光’小店来吧，我跟他在这儿等你！”

我进了“一米阳光”小店时，几乎以为那就是田田。一样的大高个子，一样的干干净净，一样的天真无邪。可他转过脸，我却大失所望，他不是田田。我失望地要走时，看到了他旁边的女孩。她塞给男孩一个游戏手柄，说：“乖，自己玩，姐姐跟这个姐姐说几句话。”男孩笑着点点头，埋头玩游戏机去了。

我指了指男孩，问：“他是谁啊？”女孩拉过一个凳子，让我坐下。阳光里，我听到了他们的故事。

3

女孩叫百洁，大学毕业后，开了这家小店。半年前，春寒料峭，她打完烊，想快点回家喝妈妈的一碗热汤，却在街角看到了缩成一团的男孩儿。男孩躺在地上，不停地抖，开头百洁以为他喝多了酒，走了过去。可是，又有点不放心，转回身，喊了两声，有几个路人围了过来。男孩儿说话语无伦次，有人报了警，百洁跟警察把男孩送到医院。医生说男孩是重感冒，而且，他是

弱智。

事情到这儿，百洁本可以继续过她安静的生活，可是，不知怎么，她总是放不下那双信赖的眼神。她要走时，男孩儿突然叫："姐姐，我想喝水。"

从那天起，百洁就收留了这个男孩儿，他说自己叫福宝，百洁也就叫他福宝。我和百洁说话时，福宝不停地转头看我们，遇到我的眼睛，他会轻轻地笑一下。我的眼睛有些湿润了，百洁像我一样，是个好姐姐。不，她比我还好，因为，她面对的是没有血缘关系的弱智孩子。

在寻找田田的日子里，百洁的"一米阳光"成了我的落脚点。进了小店，看到福宝，我就会安心。天渐渐地冷了，田田应该穿毛衣了，我就买了橘黄色的毛衣送给福宝。福宝乐颠颠地穿上，冲我笑。然后跟在我身后问些小孩子的问题。我再说一句，他再问一个"然后呢"。恍然间，我会以为跟我说话的是田田。

下第一场雪时，我去了百洁那儿。一进门，百洁从炉子旁边站了起来，眼睛红红的，福宝躺在床上，没有像往常那样看到我来，欢呼雀跃。

我问百洁怎么了，百洁指着福宝说："他感冒了，却死活不肯去打吊针！我这是图什么啊？我明天就把他送到孤儿院去。"

福宝的身子一抽一抽的，看得出是在哭。我坐到他身边，跟他说："告诉大姐，为什么不肯打针？"

福宝说："姐姐没钱！"

百洁说："有钱没钱不用你管，你少让我操点心就行了。"

这话跟我说田田的一模一样。

我从兜里掏出准备好的2000块钱递给百洁，百洁死活不肯接。我说："也不是给你的，而是为我家田田，我这样对福宝好，希望也会有人像你我对福宝这样对田田好啊！"

4

春天来时，田田走失整整10个月了。我把百洁和福宝当成了家里人，他们也把我当成了依靠。我坚信，我的弟弟田田正在某一处，被好心人照顾着，然后等我找到他。

我没找到田田。福宝却找到了他的父母。百洁的故事被电视台一个记者发现了，拍了个片子，播了出去，很快，福宝的父母找了来。福宝被领回去那天，我和百洁都哭得稀里哗啦的。福宝一步三回头，喊姐姐。百洁说："姐会去看你的，你要乖，别总想着玩游戏。"

福宝点了点头。走了很远，又跑回来，拉住百洁的手，把手里的几毛钱塞给她，"这是我给你买蛋糕的……"

百洁把福宝搂在怀里，我想起那些天，福宝总是叨咕着姐姐要过生日的话。虽然他们是被上帝咬过的苹果，有了缺陷，但是他们也同样是心地纯白的天使，或者，在他们的世界里，爱和恨都更简单直接些，你对他好，他就会对你好。

我悄悄擦去腮边的泪水，想起田田，也会有人像亲人一样爱他吗？

我跟百洁去孤儿院做义工，我努力把对田田的爱播撒出去，希望能够为身在某一处的田田换取同样的爱。

夏天来时，女儿和老公都加入到义工的大军中来。那段日子，我们仍总是说起田田。我不再歇斯底里认为他遇到坏人了。女儿说："妈，你的世界里的善是不是多了很多？"我仔细想了想女儿的话，认识百洁这段时间，我真的少了很多抱怨，可以用温暖的目光看这个世界了。

我开始学着建一家智障亲属网站，等田田回来，我再不把他藏在家里了，我要带他多交几个朋友。我的未来一定是和田田在一起的。

偶尔还会收到有关田田的线索，我从不放弃哪怕一点点希望。那天清晨，我接到百洁的电话，她颤着声音说："大姐，福宝的妈妈说，离他们村40里的集贤镇边上的一个村子里，收留了一个叫田田的孩子，她去看了，跟你寻人启事上的照片一样……"

我的泪顺着脸颊无拘无束地淌了下来，我知道，那些善良的种子，终于开了花……

I found everything I need. You are everything to me.

Aging

Title /找个人一起老去

Author /佚名

突然接到通知，需要再加两个小时的班。女人给男人打电话，告诉他可能得晚一点儿回家。男人说，嗯，我也刚下班，在路上，你大约什么时间回来？

女人刚想告诉他还得两个小时，手机就没电了。女人想找个公用电话，再想想还是算了。老夫老妻了，儿子都读了中学，还用如此浪漫？

终于下了班，女人匆匆往家赶。已经很晚了，她想这时男人一定候在客厅，把空调开得很暖。餐桌上应该还摆了温热的饭菜，肯定有女人喜欢的那道。想到这里，女人笑了，加快了脚下的步子。却突然，在离家二十多米远的地方，她看到了男人。

男人站在黑暗里，只是一个模糊的灰色轮廓。但她知道那是男人。女人对男人太熟悉了，熟悉到可以辨认出他的一根发丝、一个喷嚏、一缕气味，甚至一个影子。女人轻声说，嗨。男人就走过来，说怎么现在才回来，好像男人正发着抖。天很冷，夜风把人的衣服，一点一点地刮透。

女人说你在这里干什么。

男人说，这里有条沟……记得早晨还没有沟呢。可能在抢修煤气管道，他们也不亮个警示灯，你得从这边绕过来。男人领着女人，小心翼翼地绕过那条沟。

女人说你等在这里，就为了告诉我有一条沟?

男人说是。这么冷的天，万一摔一跤，可不是好玩的。

男人低头上了楼梯，声控灯忽明忽暗。突然，女人觉得男人像一个热恋中的男孩，寒风中，正忐忑不安地等着他的心上人。

进了屋子，男人急急地去开空调，急急地从冰箱里拿出冻鱼冻肉。

女人愣一下，你一直没有回家?

是啊。

下了班，你就一直等在那里?

嗯，本想打电话告诉你小心点，可是你手机没电了。

你在那里等了两个多小时？怎么不先回家取取暖？

万一我回来的时候，你也刚好回家呢？沟那么深，又没亮个警示灯……晚饭想吃红烧肉吗？那你回趟家添一件衣服，不过两三分钟，你怕我在这两三分钟内回来，就一直不敢离开？

是啊是啊……吃不吃红烧肉？

女人有些感动。好像男人并不像热恋中的小男孩。他是一个深沉细心的父亲。

男人的鼻子红红的，突然打了一个响亮的喷嚏。女人走过去，从男人的手上抢过围裙。

突然她发现男人咧了嘴巴，眉头轻轻地皱。女人忙撸开他的裤腿，她发现男人的膝盖鲜血淋漓。女人说你快去歇着，找个创可贴贴上。

男人笑笑说不用了，两个多小时，早已经长痂了……我说你到底吃不吃红烧肉？

爱情是什么呢？应该不是那种年年月月天天时时分分秒秒的相守吧？其实真正动人的爱情，只是在某一个时刻，只是在某一个最微小的时刻，一秒钟，都不敢离开。

The birds sing your name in thine own morning light.

Love

Title /爱的方程式

Author /佚名

天气越来越冷了，早过了收割的季节，往日麦地里遍地的粮食早已不见，早先秋日里存储在地洞里的一点过冬的粮食也被农民无意间的一锄头彻底毁灭。

这日子该如何再过下去啊。

我忧愁地看着熟睡中肚子日渐明显大起来的妻子……是哦，我快做爸爸了，要真正尽起一个男人的责任了。可是，家里一点余粮都没有了。我可以啃点草根对付过去，可是我不能让妻子饿着了，不能让她肚子里的我们的孩子饿着了。

那时候，我想娶她，她妈妈嫌我们家穷，我对着她妈妈发誓：我活着的一天就绝对不让您的女儿饿着一天。她妈妈被我们的爱情感动了，把她的女儿许给了我。

从那一天起，我就是这个世界上最幸福的老鼠了，我默默地为她做着一切，不让她受半点委屈，让她做这世界上第二只最幸福的老鼠。

我爱她胜过爱我自己，我可以为她轻轻用牙咬掉她指甲里的污垢；我可以为她跟在村头二妞后面一天为她捡够她爱吃的瓜子；我可以为她哼着小夜曲看着她入睡的样子而彻夜不眠……

我是多么爱她啊，爱她明亮的眼睛，爱她尖尖的嘴巴，爱她那湿润的鼻头，爱她带点棕色的皮肤……

可是，可是，现在我连明天的早餐都不能为她准备出来，我爱她，可是连明天的早餐在哪里我也不知道。

我再去找找看吧，也许能在泥地深处挖出秋日收割落下的一点米粒，虽然我已经找了几十次，虽然每次都是指甲都挖出血来了还空手而归。

我再试着去大表哥家借借看吧,也许表嫂同情我了，不再那么尖酸刻薄地骂我了，虽然我已经去了七次，每次都被她指桑骂槐，为了她我也许连自尊都可以不要了吧。

我再试着进村里那些屋子里求那些家鼠分一点给我吧，虽然我已经被他们揍了四次，每次都骂我田鼠臭不要脸地去家鼠家当乞丐，可是为了她这点痛算什么这点辱骂又算什么。

我又回来了，还是什么都没有……

看着她睡觉的安详的样子，我知道她已经一整天没有进一粒米了，我心如刀割，虽然我也已经三天没有吃一点东西，可是我是男人呀，我不能让她挨一点饥饿受一点委屈。

可是，我真的一点办法都没有了，我想哭，却一点眼泪都没有，我答应过她，我永远是一家之主的男子汉，我永远不会让她感觉到一点危险，于是，我早就忘却了哭的滋味。唉，还是去外面吹吹冷风吧，也许寒冷会让我减少一点饥饿感吧。

“小老鼠、小老鼠，我看你一整天了，怎么了？看你饿得直哆嗦呢。”嗯嗯嗯，有人叫我呢。我早习惯了被忘却的滋味，想不到还有人记得我，我心里有点激动。我抬头望去，哦，原来是每天都飞来飞去的鸽子大姐。

“嗯，我找不到吃的。”

“去城里吧，城里好吃的多着呢。”

她还对我笑了。说完她就飞走了，临走前说：“一直往南走就是城里。”

城里？这村子里就爷爷去过城里，小时候爷爷活着的时候是和我讲过城里到处都是好吃的好玩的，天上的白云都是棉花糖，地上的石子都是巧克力。

嗯！去城里，我的肚子也一下子不饿了。我要带上我最心爱的人去城里。

我叫醒了她，我带着她又去求明天就要去城里运货物的牛大伯，求他带我们夫妻一程，牛大伯可怜我们，于是就答应了我们，不过他让我们躲在他耳朵里面，不准出声，别让他主人看见。

嘿，我好开心，明天就能去城里了，我不再让我的爱人挨饿了。

第二天早早地我们就钻在牛大伯耳朵里，他的主人一声鞭响，车子就出发了……

我和妻子紧紧地抓住牛大伯的耳朵一路颠簸，也不知道过了多久，听见牛大伯叫我们了：“下来吧，两个小东西，城里到了。”我和她一起兴奋地跳到地上，我搀着她的膀子，一起对着牛大伯鞠了个躬，向城市靠近去，远远地听见牛大伯粗粗地喘了一口气还是叹了一口气……

我抬头望天，我望不见天，一栋栋大楼遮盖了我的视线；我低头看地，我看不见地，一块块混凝土早覆盖了大地。

我和妻子怯生生地站在墙角，马路上川流不息的人群和一辆辆呼啸而过的怪物让我们头晕眼花，那喧闹的声音让我们头痛欲裂……在这里我真正感觉到我是一个外乡人，我找不到一点归属感，我开始怀念起我的家乡来。

也许，地里还能找出一点粮食，也许表嫂回心转意了，也许家鼠们念在远亲的分上……

可是在这里，我一点勇气都没有，我一点能耐都施展不出来……我又开始有点想哭。

妻子眼尖，她尖声叫起来："亲爱的，马路对过有好多蛋糕！"

我也看见了，我也好兴奋，上次吃蛋糕还是她过生日的时候，我拼死从村长家宝贝儿子手里抢来的一小块，那时候我还在追她……呵，好甜蜜的回忆，她好喜欢吃蛋糕的。我的精神头一下子就来了。我拍拍胸脯，"我们过去，我一定帮你把那蛋糕搞到手！"

我拉着她的手，开始奋勇地跳着从人缝里穿过去。人太多了，我们跳来跳去，妻子不小心跳到个胖女人的鞋子上，那胖女人尖声叫起来。紧接着整条街上的人都对我们注意过来，很多人开始用脚来踩我们，用手里的杂志来拍打我们……我死拽着妻子拼命地躲闪……

这时候，我才意识到"老鼠过街，人人喊打"对我们老鼠而言是多么可怕的事情。

还好，我看见前面有一下水道，我拉着妻子跳了进去，总算我们过了大街。不过，我在跳下水道的时候把脚给扭了，我装作无所谓，一点都不疼的样子，我不想让她知道了心疼。

过了一阵子，我瞅准了大街上的人已经忘记我们两只小小的老鼠了，我让她躲在下水道，我悄悄地钻了出来，顺着墙根慢慢往那个蛋糕店摸过去。

一步、两步、三步，我看见那蛋糕了，我一头向那蛋糕扑去……

“咚……”我显然撞在了什么上面，可是我眼前似乎没有什么，只有蛋糕，可是头上的那个大包是显然的，我用手指抵了抵，确实蛋糕和我之间有东西，我冲不过去，我不知道那是什么，只是好像是透明的却阻挡了我。也许，那是城里人玩的什么专门对付我们老鼠的把戏吧。

我偷偷看了看店里，里面全是人，那穿白衣服的人看起来好凶，刚才在大街上的险境让我对城里人充满恐惧感，我实在没有勇气光天化日之下在他们的眼皮子底下哄抢他们的蛋糕。没有办法，我只有等天黑……

回到下水道，我紧紧地抱着妻子，我用我的耳朵贴在她肚皮上，我听不到我儿子的声音，我的眼泪不自觉地顺着眼角挂落，我哽咽着对她说：“对不起，让你跟着我受苦了……”她只是用手摸摸我额头的大包：“你还疼吗？只要和你在一起，就是最幸福的事情了。”

终于到了晚上，我和她一起溜到店门口，店里一个人都没有，我和她偷偷地从门缝里溜了进去，我环顾店里到处都是蛋糕，我开心疯了，我抱着她，死命地吻着她：“老婆，老婆，我终于让你吃个饱了。”可是，很快现实的残酷打破了我的兴奋。和白天一样，那些蛋糕好像被装在了什么透明的盒子里，实在弄不开，只是能看得见，却摸不到……我急得团团转，我好心焦……

“老公，地上有一块蛋糕。”妻子叫我。

我看去，果然是有。不过，我同时也看见了，那蛋糕旁边是个老鼠夹子，我知道这是城里人用蛋糕做诱饵来捕我们的。可惜，这玩意我们那旮旯乡下也有，我早见识过了。我暗想：我一定要用法子帮我妻子弄出那块蛋糕让她吃到。其实这也难不倒我，在乡下的时候，我就常常用我的尾巴在老鼠夹子下面勾出我想要的东西，而那破夹子根本伤不到我分毫。不过，这是城里，城里人好狡猾的，他们的老鼠夹子也许也很狡猾。为了她，我豁出去了！

我趴在地上，小心翼翼地用尾巴轻轻地去钩那蛋糕，一寸、两寸、三寸……我终于把它钩出来了。

我命令妻子：“为了我们的儿子，你必须吃下去。”

“不，我一半你一半。”

我不由分说，硬把蛋糕塞进她嘴里。“吃下去！”我恶狠狠地对她说。这是我们结婚以来，我第一次大声对她说话。

时间过去不长，妻子突然满地打滚，大声叫唤起来：“疼死我了，疼死我了……”

我心里咯噔一下。完了，城里人太坏了，不但用了老鼠夹子，连做诱饵的蛋糕里也放了老鼠药。乡下人从来不会下这连环套子的……城里人太狡猾了……

“我渴，我渴，我渴……”妻子叫唤着，一声高过一声。

我疯了似的到处找水，可是，整个屋子里没有一滴水，连一滴都没有……

对了，我还有口水……我对着她的嘴，大量地从自己喉咙分泌口水，我吐啊吐啊，快连自己的胆汁都吐出来了，一点点的口水都没有了……我感觉我的喉咙都快断掉了……可是，我一滴口水也分泌不出来了，她的声音慢慢地小下去，她的嘴角开始大量地涌出血来……

我从未感觉到死亡和我靠得是那么的近，我死死地抱着她，疯了一般帮她擦去嘴角的血沫，可是一遍一遍又一遍，我擦的速度远远跟不上它涌出来的速度。一辈子、一辈子从来没有如此清醒过，我意识到了：她将永远离开我了，我将永远失去她了。

我不哭、我不哭、我不哭、我不哭……我一点都不想哭……

抱着她，我轻轻地跳上一边的老鼠夹子，“噶啪——”我清清楚楚地听见我的腰骨被夹断的声音。

可是，我不疼，我不疼，我不疼、我不疼……我一点都不疼……

我吻着她的脸，默默地想着最后一句想对她说的话：“如果有来世，还让我们做一对小小的老鼠，笨笨地相爱，呆呆地过日子，拙拙地相恋，傻傻地在一起，即使大雪封山，还可以窝在暖暖的草堆，紧紧地抱着你……”

Late

Title /迟到的告别

Author /琴台

1918年3月的一个清晨，里昂火车站迎来一辆从德国开来的战俘车，一个叫瑞克的男子胡子拉碴地从车厢里走出来。在那些蓦然重逢、抱头痛哭的人群中间，瑞克显得呆滞而又沉默，他四肢虽然完好地存在着，可名字却上了重度伤残名单。

给他做过检查的医生都十分沉重，这个貌似健全的男人永远也做不了父亲了。不仅如此，他好像还患上了失忆症，不知道自己的家在哪里，也说不出任何亲人的名字。

医院在报纸上刊登了瑞克的大幅照片，想通过媒体来帮助这个可怜的男人寻找亲人。很快，全国各地有很多人涌来——失去儿子的母亲、丧失手足的兄弟、和丈夫离散的妻子。

很多人来了又走了，留下来的是两个女人。其中一个容貌姣好，留着长长的黄色卷发，穿着白色的拖地长裙，她自称是瑞克的未婚妻，并带来一张瑞克的照片佐证。医生看看照片中那个英俊幸福的男人，再看看眼前呆若木鸡的瑞克，一时无法评判。另一个女人年长了几岁，她左手拖着一个三四岁的脏兮兮的男孩儿，右手怀抱着一个两岁左右的女孩儿，流着泪站在病床前絮絮叨叨地讲述了自己丈夫如何在两年前上了前线一直未归的事实。

医生将两个伤心的女人领到外面，他们从瑞克突然的眼泪中看到了希望，这两个女人中，肯定有一个是他的爱人。

他们反复翻看那个年轻女人带来的照片，就在几乎马上就要确认的时候，护士忽然跑了出来，附在医生耳边说了两句话。医生一愣，他缓缓地将手里的照片还给那个漂亮干净的女士，转而拥抱两个孩子的母亲："瑞克说，你是他的妻子。"那个女人一把抱住自己的孩子，痛哭起来。

年轻的女人流着泪伤心地走了。几天后，沉默的瑞克和两个孩子，还有妻子，去了法国另外一座城市——巴黎。在那里，不仅有国家配给他们的新房子，每个月瑞克还有很优厚的残疾军人抚恤金，足够这个四口之家安逸地生活。

"一战"过去不久，法国的经济很快复苏了。10年后，一

个民意调查机构准备调查“一战”中那些伤残军人如今的生活状况，他们在巴黎一个乡下小镇上找到了瑞克。

让人们惊讶的是，和资料描述不同的是，这个残疾的男人并没有和妻子孩子生活在一起，而是独自生活在一所干净的房子里，以养花卖花为生。当他们知道瑞克很早就和妻子离了婚，并把80%的伤残抚恤金分给了妻子和孩子后，纷纷愤怒地谴责那个无情的女人。

可瑞克却微笑着制止了大家。他接下来讲出的事实，让所有人错愕万分。原来，他并不是那个女人的丈夫。这个事实，在他跟着那个女人回家的那一刻，他们彼此心里都明白。而另一个哭着离开的年轻女人，才真的是他的未婚妻。

瑞克静静看着怒放的花圃，“其实我也没得什么失忆症，当初的沉默，只是因为接受不了身体残疾的事实。”

“那为什么你会选择那个陌生的女人？”调查人员匪夷所思地望着他。

瑞克轻轻叹出一口气，“战争之后，民不聊生，这样的情况下，当我看到那个丈夫已经战死在前线而又生活无着的女人，立刻就对她和她的孩子充满了同情。其实我已经是一个绝望的人，那一刻，我却突然觉得自己还可以成为一个有用的人，那就是用自己的伤残抚恤金来帮助这个冒名顶替的女人和那两个孩子渡过难关。至于我的未婚妻，从她衣服上可以看出，她的生活还过得去，最重要的是，这个无辜的女人应该有崭新的生活。所以，我宁愿让她相信，未婚夫已经死了，也不要成为她的包袱。”

一切都按照瑞克预料的那样，失去丈夫的女人和孩子们再也不用为衣食去奔波和担忧。这样的时候，瑞克向那个女人敞开了心扉，说服她接受离婚的事实，并将自己80%的伤残抚恤金，以抚养费的名义赠送给了这个不幸的家庭。然后，瑞克离开了巴黎，来到这个小镇做了一个花农。

瑞克的事迹深深打动了民意调查机构的那些人，他们准备宣扬这个沉默的英雄事迹，却被瑞克制止了。“不过一场迟到的告别，我不想再去打扰她们的生活。”说着，瑞克向花丛深处走去，最终消失在一片浓郁的芬芳中。

Song

Title /姐姐，在你的梦里唱支歌

Author /琴台

我只去过大姐的婆家两次，一次是她结婚，一次是她出殡。

25年前，我作为娘家代表之一去接大姐回门。上车前母亲叮嘱我，吃酒席的时候，一定要记着偷个酒杯带回来，据说这样有福。我贪心，见那淡青花瓷的小玩意儿，凑成一对怪可爱的，一下偷了两个，心里却忐忑：人家收拾餐具时，见少了两个酒杯，不知道会怎样乱找呢。

我良心上过不去，回来的车上，偷偷告诉了大姐，她只是笑了笑，摸了摸我的头。她虽然只比我大6岁，但从小背着我上学，言行举止，十足一个小母亲。

那时大姐抱不动我，就两手反扣背着我，我伏在她的背上，喜欢玩弄她粗黑浓密的辫子并使劲扯，扯得她耐不住疼，脑袋总是往后仰，所以她长大了走路也总是昂首挺胸。我自己还有印象，我哭闹时她就任我啃咬她唯一的一块红头巾，咬了好多个窟窿，好几个冬天她就戴着那块破头巾。平时开玩笑，大姐总说我欠她一块新头巾。我被说臊了，就赌气说："以后挣了给你买一打，好吗？"

后来我考上了学，在外工作。我发表在报纸上的豆腐块文字，大姐只要看到就剪下收藏起来。她自己文化程度不高，是给周围的人看的，我不知道我成了大姐的骄傲。我相信别说两个酒杯，就是两只金碗，只要大姐有，她也舍得给我。

个子高高，英姿飒爽，走起路来一派大丈夫风度。大姐确实是女中丈夫，15岁就抢着当女民兵。但我对大姐这个身份并不喜欢，看得出来全家人对她这个身份都无可奈何，因为那挎着枪站在大卡车上押着犯人游街的大姐虽然威风凛凛，却很僵硬。

从父亲嘴里知道，大姐这样做是为了救我们全家，虽然奶奶和父亲、二叔、三叔当过八路军，但爷爷当过韩复榘手下的团长，还有一个大伯下落不明，据说去了台湾。总之功不抵过，我们家属于政治上有问题的，每次运动都会被挤在悬崖边上，稍有不慎就会粉身碎骨，死无葬身之地。

晚饭时大姐悄悄告诉我们，听说那些政治犯大部分是无罪

的，她捆绑他们时，手尽量轻，这样他们可以少受一些罪。父母叹了一口气，我也才渐渐喜欢：由心慈手软的大姐看管犯人，总比一个心狠手辣的家伙强。

她初中没毕业，就去县城的一个小饭店打工挣钱养家，负担我和二姐上学，她也想圆她的大学梦，但从初中水平开始自学，这梦何其遥远！晚上我看着书本，她背政治题，总是背了又忘，我急了，说大姐你怎么就这么笨呢？我哪里想到我的大姐白天炸油条卖副食，已经很累了。她开玩笑，要我找两根小棍，替她把掉下来的眼皮支起来。

我考上了师范，她骑自行车送我到35公里外的学校。“好好替我上吧。”她含着泪花笑吟吟地对我说。

她自知上大学无望，发狠学习烹饪技术，当上了厨师。几年后她与人合资承包了当时县城最大的综合性服务楼，集旅馆、饭店、加油站、停车场于一体。每次我回家，出车站旁边就是服务楼，我进门，她赶紧放下客人让别人招呼，亲手做两个我爱吃的菜，坐在旁边，笑嘻嘻地看着我吃。她总嫌我身子不壮，常攥住我那只不拿筷子的手，用她的双手使劲摩擦一会儿，说我是念书念得手脚冰凉。她总是哄着我：“再多吃一口，别给姐姐省啊。”

要是我直接回了家，她晚上打烊后就把菜带回去，菜用托盘和扣碗盖严实，这样冬天回家也是热乎的。

有一回我出其不意地跑进厨房，看到大姐袖子挽得很高，正用双手搅拌一个大盆里的凉菜，那些菜还带着冰碴，她的手臂粗糙通红。我倒吸了口凉气。我一直以为她是老板，坐在办公室里运筹帷幄，哪里想到很多事她都要亲力亲为呢。

她以为我嫌脏，“手洗得很干净的，再说筷子也搅不动，这样可以少雇一个工人，不也省一份钱吗？”她精打细算得连一粒米也掉不到地上。

那几天有婚宴，还有“两会”的席，每天要上百桌。我不肯留下吃饭，大姐追出来，塞给我一个信封，里面有一沓钱。我不要，她说不全是给我的，叫我分一半给我的同学霞霞，霞霞是个孤儿。我说那就只要一半，我的还没花完呢。大姐笑了，说我妹知道勤俭节约了，那就都给霞霞吧，叫她买件衣服，上次见她，大冬天的，连个围巾手套也没有，褂子都毛了边，裤子也脱了线，大姑娘了，别少襟露肘的看着寒碜。

大姐的服务楼干了十年，突然要拆迁，大姐也失了业。我正在为她发愁，她从《农民日报》上看到一则消息，回娘家包了几亩地，养起了梅花鹿。电话里她告诉我，有一头最小最漂亮的母鹿是我的。我赶紧回家看“我的”那头鹿，脖子上挂着一牌牌，上面写着我的乳名，眼睛圆圆，睫毛长长，性格温顺，真是一头可爱迷人的小鹿！我把头顶的杨树叶子捋下来给我的小鹿吃。大姐说：“你不是会写那个什么诗吗，给咱这头鹿写首诗吧。”我没写诗，我画了一幅油画，一个半人半兽的鹿神，半边身子是大姐，半边身子是梅花鹿。大姐笑着说很像。

这是大姐一生中最辉煌的时刻，她的养殖场成了全县养殖业的龙头，最多的时候有六十头梅花鹿、二百多头猪、六十多条

狗，后来还养过五千只鸡。

远近的村民来她这取经，有好几十户在她的带动下，也养起了鹿。鹿卖出去了，大姐还得免费负责上门给母鹿接生，她说这是嫁出去的“女儿”生孩子，“外婆”能不管吗？每年定期采抽鹿血割鹿茸，大姐和大姐夫都要骑着摩托车亲临现场指导，因为割鹿茸很讲究也很危险，割早了鹿茸还没长成，割迟了鹿茸钙化就不值钱了，割少了浪费，割多了鹿会大出血而亡。

她的鹿卖到周边好几个县，本地也有几十户村民在她的带动下致富。小鹿在娘胎里就有了主儿，一生下来就是3000块钱；大鹿就更贵了，一头公鹿上万。普通的农户根本投不起资，大姐就先赊给他们，钱呢，等卖了鹿再还。这样大姐就有了一批“飞鹿”。有一阵子我很替大姐那些“飞鹿”担心，大姐说：“家财万贯，皮毛不算。我这儿养得多，死一两个还扛得住；小户不能出事，有事我先担着……”

还真有一个小户，头一天领养了三头，不到一星期就死了两头。大姐用车拉回来，解剖了一看，原来那家喂食时不小心，饲料里有一截白塑料绳缠住了肠子。那家很苦，本来想靠养鹿脱贫致富，不料出了这事，男人当时腿就软了，一屁股坐在那儿起不来。大姐说没关系，她可以把鹿肉卖掉。她让那人再拿回两头小鹿去养，这一回那人像养宝贝儿子一样小心。

2002年春，大姐的鹿场出生了一头小白鹿，全身雪白，只有小嘴唇和四蹄有一点点黑。整个行唐县都轰动了，养鹿的和不养鹿的都专门跑去看那头小白鹿，孩子们放了学拔野草去喂着玩。

一时间，大姐的饲养场成了动物园。小白鹿的照片上了新华社、省电视台等几十家媒体。石家庄去的专家说这是返祖现象，几百年难遇的，云南曾有过白老虎，佛经中有白象。民间说是吉祥的象征，史书中也有天下太平则瑞兽出现一说。东北的鹿场出十万高价买这只小白鹿当品牌，深圳一老板要给他母亲做寿也出高价竞争。后来我问大姐小白鹿的下落，大姐笑而不答。

大姐一边养鹿，一边还忘不了她的老本行，又承包了一个私立学校的学生食堂。过年回家时她还说要在山里投资建一个厂，我们都劝她别太累了，她说她这人就是受累的命，要是不累就会生病。

2005年3月29日晚8点，大姐和人谈投资厂子的事儿谈得很顺利。在饭店，我们一家人在一起吃团圆——她已很久没有和家人享受团圆之乐了。饭后出来站在马路边等车，被一辆无证无牌的摩托车飞来撞上，大姐当时就没有了呼吸。送到医院抢救，中间有几小时恢复了呼吸，次日凌晨6点呼吸停止，医生诊断是脑死亡。

平时那么能干能行、爱说爱笑的人，最后时刻竟一言不发，一句话也没留给我们。为了安慰衰老的爹娘、年幼的孩子和当时就昏死过去的姐夫，我们请求医生不要撤下呼吸机。她身体强壮，除了脑部弥漫性大出血，全身器官功能完好，输上液，心脏还在跳动，手还是软的，身体还是热的。

让死亡慢慢地来，让老人和孩子还有爱侣，在心理上有个接受的过程。

就这样坚持了八天八夜，直到最后，身体各个器官的功能慢慢衰竭，心率从高到低最后到零，生命何其脆弱，又多么顽强！

人们闻讯从四面八方赶来，医院的走廊上、院子里，站满了认识的和不认识的人。

我很想痛痛快快地哭一场，但既没有机会也没有时间，起码有四个人比我更有理由悲恸：父母亲是老年丧女，姐夫是中年丧妻，小外甥是幼年丧母。所以我只有在处理完丧事后，回到石家庄的家里，坐在电脑前慢慢地一个字一个字地敲。

有人说大姐命苦，光知道干活不知道享受。我觉得大姐的一生很幸福，她是一个成功者。一个普通的农村妇女，活得也算轰轰烈烈，她想干的事儿都干成了，她一个人干的事儿能顶上十个人干的；她虽然只活了46岁，但她的一辈子活了别人的好几辈子。清一下她留下来的账，只有别人欠她的，她没欠别人一分钱。上天只是看她累了，叫她早早休息了。

当所有人围着她哭泣哀叹时，我很想为她唱一首歌。

亲人们啊，不要为远行的她哭泣吧，如果她的英年早逝叫我们流下滚烫的热泪。她充满热爱的一生，更值得我们为之歌唱。

The best does not come alone. It comes with the company of the all.

Family

Title /家庭主男

Author /佚名

草坪上，春天的露珠闪着五彩的亮光。“祝整天都快乐！”我在家门口冲着太太托娅的背影挥了挥手，喊道。

然后，我进了房间，看两个孩子劳伦和杰德是不是已经吃完了早餐，准备上学。

随后，我钻进了书房。在送孩子上学之前，我还得再看看有没有电子邮件——我需要给自己一种还和忙碌的外界联系着的感觉。我点了点鼠标，邮箱还和往常一样，空空如也。

我曾是一家技术公司的合伙人，工作曾经是我生活的重要部分。经济形势不好，生意垮了，我也失业了。

可我没浪费一点时间，我发出了无数份简历，在报纸上、网络上寻找招聘信息，给我能想到的熟人、朋友打电话，但结果均杳无音信。家里的积蓄随着时间的流逝在一天天减少。

“帕特里克，我可以在一月份出去教书。”托娅说。

以前托娅和我也商量过我们俩要留一个人在家里照顾孩子，只是我从没有想到，这个人会是我。

一个月之后，托娅在一所学校找到了教五年级学生的工作。这样，在我失去高收入、高科技的工作达六个月之后，我正式成为一个全职的家庭主男。

“别操心家里的事。”我向托娅打包票。不可否认，开始的几周，我们全家吃过我烧煳了的饭菜，也穿过我没有洗干净的衣服。但是不久之后，我就能熟练地将衣服分门别类地收拾好，而且有条不紊地在日历上记下送孩子们去锻炼的日程。

我发现自己即使在查看电子邮件的时候也还穿着围裙。我希望在屏幕上读到“丢开围裙，帕特里克，你仍是职场一员”的字样。

越来越重的失败感笼罩了我，就像种子一样在我脑袋里发芽。我让所有人都失望了——所有人。

每天早上，我会从窗户里望着左邻右舍的父亲们提着公文包，大踏步地向他们的汽车走去，非常负责地履行着自然赋予他们的作为一家之主的责任——那是一代又一代的父亲应尽的、养家糊口的责任。

而我，被迫待在家里，和孩子在一起。但是，我仍然每天都查看邮箱，鼠标就是我与渐行渐远的外面世界唯一的、脆弱的联系。即使只是一次预约的面试，也能激起我对未来的些许乐观。

接下来我的工作就是买菜，做饭。我看见早上出去上班的父亲们开车回家了。他们又在外面打拼了一天。而我，去了哪里？做了什么？

我外出购物，在家清扫，我出席孩子们的生日和节日聚会，发现自己是家长群中唯一的男人。

那个春天的早上，我突然失去了耐心。“劳伦，你穿衣服干吗要浪费那么多时间？头天晚上我就把外衣给你放好了！”“杰德，放下玩具，赶紧把饭吃完！”去学校的路上，两个孩子一声不吭，我的感觉也很糟糕。

实际上，在我成年之后所有的工作日里，我是没有一天不去办公室的。我一直是家里的顶梁柱，但那不正是我工作的真正目的吗——照顾家人？

我看了看钟，又到了去学校接孩子的时间了。孩子们一坐进汽车里，就提出了相同的请求：“到公园去吧，爸爸，我们想去荡秋千。”

以前，在周六的早上，我总爱带他们去公园，那是我们在一起的特殊时刻。而现在，至少对于我来说，已经不那么特殊了。在一群年轻妈妈和打瞌睡的退休老人堆里，我是那么格格不入。我感觉自己像戴了块大大的牌子，上面写着：失业者。

劳伦和杰德向秋千跑去。“爸爸，来推我们一把！”我推起了秋千——开始轻轻地，然后用力，不管多高、多快，劳伦和杰德都不怕。

“你是最棒的秋千推手，爸爸！”孩子们常说。

我沉浸在秋千摆动的节奏里，看着孩子们向着太阳升起，然后又飞回我身边。我注意到在旁边的秋千那里，也有一个人在推孩子——一个男人。

“天气真好，不是吗？”他说，“我不得不请了半天假，才能带女儿到这儿来。”

“是呀！”我谨慎地回答，“漫长的冬天刚过去。”

“公司还欠着我的休假，可是事太多，走不开，我常出差。”

“哦。”我说。我尽量避免再说下去，我知道接下来他会问什么。

“那你做什么工作？”他问。来了，可怕的问题。“没做什么。我现在在家带孩子。”我想这个话题应该就会结束了。

我盯着劳伦的腿后面，我推得越快，她荡得越高。“哇……”劳伦高兴得叫起来。

“你真幸运。我父亲在我小时候从没时间陪我玩，他忙于工作。我告诉自己，我一定要和他不同。而如今我却不得不经常飞来飞去，要不就是开会。如果不是有手机，我简直就无法和她说句话。”男人向他女儿点点头，“所以，今天我一定不能浪费这个机会，今天是老天的恩赐。”

他走过去推秋千，我回到了自己的思绪。老天的恩赐？他说得对呀！站在下午温暖的阳光里，我感觉自己的内心起了某种变化。有多少父亲能够说出自己的女儿最喜欢的鞋是哪双？或者，他们的儿子最爱吃哪些蔬菜？

如果我成天待在办公室里，我是不会学到这么多关于孩子的知识的。但更重要的是，如今我和他们在日常生活中建立起了以前从没有过的、更亲密的联系。这是一种将贯穿于我们一生的联系。

在很多家庭中，做父亲的从没有为孩子做过一顿饭，也没有为了孩子请过一天假带他们去公园。他们常常是在拼命工作，来养活一大家人。

老天的恩赐！

我每推一下秋千，都是生活在当下给予我的恩赐，都可能是我不会再有的机会。托娅和我经常说，我们俩中的一个应该待在家里，陪着孩子长大。现在，该轮到我在家了，这是老天对我的恩赐。

我明白了，这就是我的工作，是我供养家庭的方式。我的手臂有些累了。对自己失去工作，我曾有过懊悔和自责，现在，该是我甩掉这种思想包袱的时候了。我甩了甩头，将秋千更加用力地推了出去。看着劳伦和杰德的小腿在空中欢快地踢着，我想，未来可以等着，我现在有工作在做。

毕竟，我是孩子们心中最棒的秋千推手。

Pain

Title /一厘米的离别，是会呼吸的痛

Author /佚名

那年我四岁，你被派到遥远的山村支教，你走的时候，爸爸和你吵得很凶。他说你宁愿去穷乡僻壤教那些陌生的孩子，也不要自己的亲生儿子。爸爸还说，如果你一定要离开，他就和你离婚。

结果，你真的走了。临走时你抱了抱我，摘下脖子上的项链给我戴上。我问你何时回家，你想了想，在墙上画了一条横线。你说，等你长到这么高的时候，妈妈就回来了。

我信了你的话，每天笔直地站在墙根，仰望那道横线。有一天，我发现它不见了，哭个不停。爸爸一气之下打了我，他说我永远长不到横线那么高，还说你不要我了。

你走了半年以后，爸爸带了一个阿姨回家，他让我叫她妈妈，然后我就叫了。

我十岁那年，你居然回来了，你又黑又瘦，仿佛全身都罩了一层尘土。我怎么能把你和妈妈联系在一起呢？她那么漂亮，年轻，还带着淡淡的香味。

可是你却叫出我的名字，我条件反射一样用力推你，大声说，你是谁啊，不准你进我的家。

爸爸从超市买菜回来，他怔怔地看着你。爸爸说，快叫妈妈。

我张了张嘴，脱口而出的居然是，阿姨。

后来，你再次找上门，我贴在门上偷听你们谈话：“作文一直是他的弱项，我想辅导他。每周一次，时间定在礼拜六下午。”

我以为你利用周末办辅导班，会有很多孩子听你讲课，其实只有我一个人。你租了一套很小的房子，我一进门，便看到墙上挂了一幅很大的相片。是我们的合影，你把我抱在怀里，我张着嘴大哭的样子难看极了。这是你带走的唯一一张照片，跟随你多年。

你拿出很多零食，我很想吃，但是犹豫。我说，爸爸不让我

乱拿别人的东西。你一愣，眼里随即有了泪水。你说，我是“别人”吗？我默默地拆开一包话梅，含了一颗，很酸，一直酸到心里。

说实话，那堂课你讲得糟糕透了。你还留给我一个更糟糕的作文题目：我的妈妈。

我把写好的作文递过去，你的眼睛很亮，迫不及待地翻开。一行行地看下来，你眼里的光也变得逐渐黯淡，我写的不是你。你笑得很勉强，你问，都是真的吗？

我点点头。你轻轻叹气，那我放心了。你又说，其实我挺羡慕她的，我想做却做不了的事情，她全都完成了。

你又被派到西部执教，三年后回来，你怕我难过，所以就不辞而别。爸爸说，等我考上大学的那天，你就回来了。

为了早日和你相聚，于是开始我拼了命地学习。两年后，我以高分考入北京一所大学。我十八岁了，比爸爸还高出半个脑袋，我长成强壮的小男子汉。我想，我终于长大了，以后可以照顾你了。

那个暑假，我再也按捺不住着急的心情，缠着爸爸带我去西部看你。然而，爸爸就落下泪来。他默默地把我带到一座矮矮的山上，指着凸起的一个土堆说，你妈在这里。

想起一个很老的传说，两个一模一样的女人，都说孩子是自己的，她们分别拉着孩子的一只胳膊，谁都不松手。上帝说，你们抢吧，谁把孩子拉过去，谁就是他的妈妈。

最后，上帝看着双手空空的女人说，孩子，她才是你的妈妈。因为她怕你疼，舍不得使劲拉你。

我也明白了，这么多年，你为什么一次也没和爸爸争过我。你把所有的痛苦都给了自己，留给我的，只有印在信纸上的淡淡字迹，还有我胸前的这枚橄榄状的坠子。

我把它摘下来，埋进土堆。它贴着我的心很多年，上面熨烫着我的体温，熨烫着我对你所有的想念，所有的爱。妈妈，我轻轻地呼唤，你听见了吗？

Pure

Title /开往冬天的列车
Author /佚名

人生有许多奇遇，总是让我遇见，这可是上天的安排？

大约是六年前吧，我开完郑和航海研讨会，从昆明返回武汉。

我没有乘飞机。虽说在海拔八千米的高度尽可以云中漫步，可除了云彩还是云彩，未免单调了些。我喜欢坐火车的感觉，喜欢坐或躺在敞亮的车窗前，欣赏大地的风景。如果开着窗，它们还会挟带着旷野的风扑面而来。

那趟列车的软卧车厢里，乘客不多。我坐的这间，除了我，只有一个陌生的男人。他和我一样，自上车就出神地望着窗外，直到列车员进来送开水，我和他才有了开车两小时以来的第一次谈话，当时已是黄昏。

很巧，他说他也在武汉下车，还说想在武汉开一家做窗帘的小店，并向我打听这方面的行情（他不知道我的职业是记者）。我对做生意完全是个外行，只是提醒他，武汉这类窗帘店太多了，问他以前干没干过这一行。

他的回答完全出乎我的意料：年初才从监狱里放出来，犯的是刑事案，因为在家乡镇上参与团伙斗殴杀死一个人，被判了十五年。我听到这里，低头喝了一口水，掩饰自己的紧张。

忽然，列车员在走廊上喊他出去验票。这时我才发现，门不知什么时候在列车的晃荡中被关上了，任他怎么使劲也扳不开。门外两个列车员也忙活了半天，才将门打开。她们笑嘻嘻地解释说，这个门的确有些问题，好在路上仅两天，让我们将就一点，有事就喊她们，万一听不见，就敲墙板。列车员的工作间在隔壁。

一会儿他验完票回来了，我却满怀心思地出去了。虽说我平日不是个太胆小的女人，可想到要和一个杀过人的男人待上整整一夜，还是很不安，想悄悄找列车员调换个房间。

已经走到列车员工作间门口了，我又停了下来，站在走廊里，内心挣扎了很久：素昧平生的他向我道出了实情，我却因此不信任他，他肯定会猜测到我中途调换房间的原因，这显然对人家是种伤害。我还能想象到列车员听了我道出的缘由后看他的眼神。

我艰难地中止了调换房间的计划，若无其事地回到了原来的铺位。他拿出一个红红的苹果，削得很干净，递给了我，继续说他做生意的事儿。这次到武汉是他多年前的一位狱友出的路费，那个朋友出狱后自然是找不到工作，从小本买卖做起，后来主要经营窗帘，现在生意做得很大。他还告诉我，当年被判刑之时，女朋友已怀孕，后来她从乡下独自去了广东，留下一个女儿，由他生活在乡村的父母照管。被抓进去的时候，他刚满二十岁，父母节省下钱经常坐长途汽车到省城附近的那座监狱探监，希望他好好改造，出狱后重新做人。因为他表现较好，十五年的刑期被减成了十年。这十年来，他的父母不算年迈但已是满头银发，还因为他，他们在村里不能抬头做人。十年里，在他被抓走那年诞生的女婴，也长成了一个梳小辫的四年级女孩。

他说，重新做人就从一个儿子做起，让父母过上好日子；从一个父亲做起，让女儿在学校里找回尊严。他还要去广东找到那个据说跟人开了发廊、下落不明的女朋友，当面向她道歉。他说最对不住的还是那个被他和同伙一气之下杀死的年轻人，那个人吭都没吭一声就倒在一大摊血水里。十年的牢狱生活中他脑海里经常浮现那个画面，对他来说，最大的惩罚是它将伴随他一生，让他的灵魂永世不安。黑夜替代了黄昏，整条走廊只有我们这间房的门一直开着，月光洒在走廊上像铺了一层白银。他躺下了，将一只黑色的提包紧紧地搂在胸前。

我将门咔嗒关上了。

他翻过身，有泪水细细地从眼角渗出来。

列车在夜行，房间里渐渐响起他的鼾声。我在夜色中睁着眼睛，没有一丝的恐惧，眼前闪现着人生各色风景。

第二天，他仍然出神地望着窗外，忽然自言自语地说了句“花开了”。我向窗外看去，漫山的梨树，一片粉白。

终点站武汉到了，下了火车，我们都没说“再见”，他单薄的身影很快就被出站的人流裹挟着走远了。

也不知道他最终是否留在了这座城市开窗帘店，但这些年，当我经过那些窗帘店时，偶尔会想到他。

Basket

Title /母爱是装满谎言的篮子

Author /佚名

在朋友家吃晚饭，一盘色香味俱全的红烧鱼刚上桌，朋友已不声不响地一伸筷，把鱼头夹到了自己碗里。

回去路上，灯火淡淡的小径上，我不禁有点疑惑：“一起吃过那么多次饭，我怎么都不知道你爱吃鱼头呢？”

他答：“我不爱吃鱼头。”

“从小到大，鱼头一直归我妈，她总说：一个鱼头七种味，我跟爸就心安理得地吃鱼身上的好肉。直到有一天我看到一本书，那上面说，所有的女人都是在做了母亲之后才喜欢吃鱼头的，原来，妈骗了我二十年。”朋友微笑着说，声音淡如远方的灯火，却藏了整个家的温暖，“也该我骗骗她了吧，不然，要儿子干什么？”

我一下子怔住了，夜色里这个平日熟悉的大男孩，仿佛突然长大了很多，呈现出我完全陌生的轮廓。

不久后的一天，我去朋友母亲的单位办事，时值中午，很自然地便一起吃午饭，没想到她第一个菜就点了砂锅鱼头。

朋友的话在我心中如林中飞鸟般惊起，我不禁向她转述了朋友那天说的话。

“是吗？”朋友母亲笑起来嘴角有小小的酒窝，“我是真的喜欢吃鱼头，一直都喜欢。我儿子弄错了。”

“那您为什么不告诉他呢？”我问。

她慌忙摆手，“千万不要。孩子大了，和父母家人，也像隔着一层，彼此的爱，搁在心里，像玻璃杯里的水，满满的，看得见，可是流不出来，体会不到。”她的声音低下去，“要不是他每天跟我抢鱼头，我怎么会知道，他已经长得这么大了，大得学会体贴妈妈、心疼妈妈了呢？”

砂锅来了，在四溢的香气里，我看见她眼中有星光闪烁。

她微笑着夹了一个鱼头放在我碗里，招呼我：“尝一尝，一个鱼头七种味呢。”

Sister

Title /妹妹

Author /mmf

1

北方开始下第一场雪的时候，南方还穿着短袖。我从小生长在南方。在没有来到北方之前，我从没有亲身体会过距离会产生这么大的差异。

那天夜里，老妈打来电话，有些气愤难平的意思，大意是说妹妹不顾家庭劝阻，执意要与男朋友结婚。在南方我们家乡，大男子主义的倾向通常比较严重。作为兄长的我在家庭中也算地位举足轻重，至少对妹妹是有相当权威的。听完老妈的诉苦，我自然很生气，觉得妹妹太不懂事，立即打电话给她，劈头盖脸地狂啸10分钟。

可惜我的威信明显不足以震慑千里之遥的她。妹妹怒吼一句：“你凭什么骂我？”立即把手机关了。我继续狂拨她的手机不止，恨不能叫中国电信逼她开机听完我的臭骂。好不容易忍住了，突然电话铃响，是老妈打来的，把我数落了半天，说妹妹哭着跑回自己的房间。

女人的眼泪通常能博取男人的同情，但妹妹与哥哥的关系不在此列。我一听老妈的现场报道不禁重燃怒火，气宇轩昂地拎着电话大骂妹妹。老妈好言相劝无效，丢下一句“你在那么远的地方，只会大吼大叫，家里的事你管个屁！”说完挂了线。

我在那个下雪的夜里眩晕了半天，那一阵郁闷啊，仿佛八十禁军教头林冲被高衙内诬陷充军，恨不能身有双翼飞回家中讨回清白。

2

由于父母工作的原因，我从小在爷爷奶奶身边，而妹妹一直跟随爸爸妈妈。上小学后，我才和妹妹一起被父母带着。我在农村长大，又被爷爷奶奶溺爱，自然有点顽劣的派头，对妹妹这个城里的小丫头不屑一顾。谁知妹妹更是看不起我这乡下哥，经常向爸爸汇报我的恶习，诸如作怪耸肩、不擤鼻涕之类。当时父亲

非常严厉，秉承棒下出孝子的古训，对我难免一顿教训。于是我恨透了妹妹，私下两人免不了一场大战。其结果是我得到更严厉的惩罚。有一次父亲把我打得天昏地暗，妹妹居然被吓哭了，求爸爸住手。她的陈情丝毫没有挽回哥哥对她的痛恨。兄妹之战一直持续到我小学毕业。

等上了初中，我才渐渐知道，妹妹讨厌哥哥是有原因的。当时正是我们长身体的时候，家里的开销也多，妈妈买了新衣服总是先给我穿，而经常让妹妹穿我撑不下的旧衣服。

现在才知道，这对于一个小女孩来说是多么残酷的折磨啊。

3

我在小学5年级的时候疯狂地迷上了集邮，把新家旧宅祖宗十八代的遗留搜寻个遍，总是痴心妄想地以为传说中的孤品隐藏在家中某个角落。这个不可救药的爱好终于严重影响我的学习。父亲又一次充当了酷吏的角色。表面悔过之后，我仍偷偷摸摸地四处收集邮票。为了使邮品更加丰富，花钱买新邮票成了必不可少的重要途径。

初中一年级那年春节，妹妹和我如愿领到压岁钱。我很快把钱全部买了邮票。妹妹上小学还没有独立花钱的经历，所以视压岁钱如珍宝，用漂亮布缝了一个小包把财产贴身秘藏。结果可想而知，我费尽苦心盗窃了妹妹全部产业。就在我买了邮票得意回家的晚上，妹妹发现压岁钱不翼而飞。善良的她丝毫没有怀疑哥哥，以为钱包是自己不慎弄丢。一整个晚上，脸色苍白的她都在哭哭啼啼。妈妈起先还说她几句，后来安慰也挽回不了她的伤心。

那个晚上，窃贼哥哥不敢看她哭泣的脸。多年以后，我在一个深夜里突然想起此事。记得那天下着雨，天特别冷，妹妹哭着发抖。我似乎能完全体会幼小的她有多么伤心。那是我第一次觉得她很可怜，是需要我一生保护的妹妹。

4

妹妹小学毕业之后，不再与我吵架了。而我当时正是性格叛逆的青春少年，时常觉得妹妹言行幼稚得可笑可鄙。而且兄妹内战结束后，妹妹突然变得很柔弱，动不动受班上男生的欺负，放学回家后，偷偷红着眼睛清洗衬衫上被人弄脏的墨水渍。

在严厉逼问下，妹妹告诉我她班上有一个留级的男生，年龄与我差不多，坐在后桌，墨水渍正是他的杰作。我自然不明白男生对女生表达好感的方式如此奇特，只觉得妹妹受人欺负自己脸上无光。于是约了几个同学到妹妹的学校找他算账。

那时我们中学的校与校之间经常发生集体打架事件。对方以为我是寻上门来的挑衅分子。一时全校男生都出动了，把我和几个同学团团围住。经过几番口角与推搡之后，我身边的同学一个都不见了。我强硬着嘴叫他今后不要欺负妹妹。对方一阵起哄，有人从身后敲我的头，顿时我就眼冒金星。

在拥挤混乱的人群中，妹妹不知从哪里冒出来，挡在我的面前，指着对方同学大叫："你敢打我哥哥我就杀了你！"说完拉着我的手往校外走。人群中不时有人叫骂，但还是闪出一条道来。我们终于默默离去。

我的心像从嗓子眼跳出来，空摆出一副强悍样子说："以后他敢再欺负你，你告诉我。"

妹妹低头走路，没说一句话。我一直看不清她是否又哭了。但爱哭的她刚刚救了哥哥却是事实。

那男生后来成为妹妹的首任追求者。

5

我读完高中，考上一所不远的大学。那是我第一次离家住宿，但周末可以坐两个小时的汽车回家。我把大学的情况详细向家人汇报。妹妹对大学生活十分神往。但她成绩不甚理想，学习压力大，所以初中毕业后考到了一所中专学校。

做妹妹的通常对哥哥有几分崇拜，我上大学后，中专生妹妹对我又多了几分羡慕。她最喜欢的事是周末和我一起看中央电视台夜间海外剧场。最好是恋爱剧。看完了逼我发表评论。我说的意见她往往不会服气，说谁不该爱上谁，谁更应该和谁结婚。我们的争论自然没有结果。但妹妹乐此不疲。我有一段时间甚至怀疑自己有女性化的倾向。

后来周末回家的次数越来越少，同学往宿舍搬来一台电视看足球和打游戏。有一次妹妹忽然打电话来，叫我开电视看一部外国片子。一部上下集的漫长爱情剧。我敷衍几句，没有理会。很久以后一次回家，妹妹居然还记得此事，追问个不休不歇。我厌倦异常，拿出长兄的派头呵斥她几句。她明显不买账，和我顶撞起来，并发誓从此不和我分享恋爱剧的快乐。这个结果我正求之不得。

多年以后，我和初恋女友对爱各持己见，为剧中的女主角争论不休。我认为那是一个彻底的坏女人，根本不能要。女朋友却很喜欢她。我突然记起妹妹似乎与我观点一致，但她住在离我很远的地方。我突然有点怀念她。

其实，那部经典片子我一直很喜欢。现在仍喜欢。它叫《乱世佳人》。那个讨厌的女人中文译名和她身边的男人一样多，妹妹叫她湿咖喱。

6

我在大学正式交了第一个女朋友。晚餐的时候，当我把这个消息第一次向全家公布时无异于晴天打雷。爷爷居然搬出包拯铡世美的故事鞭策我对人家要始终如一。奶奶随声附和。妈妈把那女孩子里里外外问个遍，就差没问自己的儿子和人家上过床没有。爸爸面无表情，随口说了几句。那天没有发表意见的只有妹妹。

老妈说：“喂！你这个当妹妹的，哥哥交了女朋友怎么没有

意见？”

妹妹回一句：“他交女朋友关我什么事？”

当时就气得我差点咽不下饭。要不是有老爹在场压阵，餐桌也许会立即变成龙虎斗的战场。

几天后的一个晚上，老妈神秘地把我拉一旁，说妹妹知道你交了女朋友很不高兴。我说这我看出来了，她妒嫉心这么强，以后恐怕不容易与人相处。老妈说我懂个屁，妹妹私底下告诉她，哥哥交了女朋友，从此不会再疼她了，所以很不开心。

我听了浑身起鸡皮疙瘩，怀疑妹妹是不是有点恋兄情结。从此以后有意要疏远她。

大学毕业后女朋友和我相隔1小时公共汽车的距离。我们时常为了鸡毛蒜皮的事吵架。她家是要嫁女入侯门的，对我这个平民小子很不满意。于是我们之间的矛盾更大了。

那年年轻的刘德华开演唱会，全城大有倾巢出动的迹象。我花巨资买了3张票，陪女朋友和妹妹同看。几万人的体育场气氛沸腾，刘德华台上唱歌，我和女朋友又因为一点小事台下吵架。演唱会结束了。妹妹陪我一起送她回家。出租车上我又说了许多低声下气的话，女朋友仍旧很不高兴。

重新返回并安顿好妹妹的住宿已经凌晨3点钟。我的心情一直很差。一向守时睡眠的她呵欠连天，只对我说了一句话：“哥哥，我觉得你好辛苦！”

她没有怪我重视女朋友而忽视她，这让我在伤心疲惫之余感到一丝欣慰。

半年以后，我和女朋友分手了。

7

《围城》中方鸿渐的父亲方遁翁对婚嫁有一句精辟的说法：嫁女必须胜吾家，娶女必须不若吾家。这句话到现在仍然挺管用。

和我当初不受女朋友家人欢迎一样，我们家也不太喜欢妹妹的男朋友。妹妹长相不错，追她的男孩子一直很多，但她现在的男朋友是她的初恋。

家里因为她和男朋友的恋情有过多次言语不快。我们一直以为妹妹和那男朋友有过一段交往后自然会分手。我从自己的失败经验出发，认为初恋就能顺利结婚的恋人比濒危灭绝的动物更难找。没想到妹妹严重违反自然规律，这次居然提出结婚。

老实说，我很俗，我不太甘心把妹妹交到一个没车没房工作不稳定的毛头小伙子手里。

一周以后，妹妹突然打电话来，为一周以前和我吵架的事道歉。我说不会把这些事放心上，请她开心过每一天。

可妹妹说她每一天都很不开心。她也知道男朋友将来或许没多大出息，但她不会丢下那男的独自离去。妹妹说哥哥也大不如从前那样容易说话，往往通不上几句话便大声教训。这一次我们谈了很久。最后她淡淡地劝我保重身体。

挂断电话之后，我在窗台前站了许久。窗外下雨了，南方的

家里是不是会下雨呢？我突然再次回忆起多年以前偷妹妹钱的那个夜晚。她伤心无助地哭泣。我突然觉得她很可怜；我突然觉得她对哥哥的了解胜过我对她；我突然觉得自己要加倍努力工作，因为将来假如妹妹不太幸福，她至少还有哥哥可以依靠。

If you shed tears when you miss the sun, you also miss the stars.

Tears

Title /眼泪这么近，背影那么远

Author /佚名

第一次在众人面前痛哭失声，是在多年以后，我作为一名实习教师在听别的老师讲课的时候。当时那个老教师讲的是朱自清的《背影》，听着听着，我竟失控地哭出声来，惹得全班四十多个学生都惊愕地看着我。

我想起的是娘，是记事时就知道有着一头白发的娘。娘不是我的亲生母亲，我的父母生了我，却没有养育我。娘是村里出了名的傻女人，那是真正的傻，整天胡言乱语，连生活都无法自理。据说，是她给母亲接的生，她抱着我的那一刻，竟是出奇地平静。她的脸上流露出一种母性的光晕，却是大颗大颗地掉着眼泪。

母亲生下我一个多月后，便被公安人员从那个山村带走，从此和父亲开始了漫长的刑期。而我，从此就成了娘的孩子，那一年，娘四十三岁。

当时村里人都认为娘是养不活我的，那么傻的一个女人，连自己都照顾不了，更别说伺候一个刚满月的孩子了。

可是，村里人终于从震惊中明白，有我在身边的日子，娘是正常而清醒的。她能熟练地把小米粥煮得稀烂，慢慢地喂进我的嘴里；她能像所有母亲那样，把最细腻的情怀和爱倾注在我的身上。人们有时会惊叹，说我也许就是上天赐给她的良药。

娘来到这个村子的时候就是现在的精神状态，从此便在这里停留下来，为人们提供茶余饭后百聊不厌的话题。就是在这样的环境之中，我竟也顺风顺水地长大起来，而且比别人家的孩子都结实。

从记事起，最常见的就是娘的白发和泪眼。听别人说，娘以前从没掉过眼泪，自从有了我，便整天地抹泪。我也是很早就知道娘和别人家孩子的妈妈不一样，她不能和我说话，更多的时候，她都是一个人自言自语，也听不懂说些什么。她没有最慈祥的笑容，有的只是无穷无尽的泪水。我甚至感受不到她的关爱，除了一日三餐，别的什么都不管我，任我像放羊一样在野甸子里疯玩儿。正因为如此，我变得越来越不羁和放纵。

上学以后，我并没有受到什么白眼冷遇。这里的民风淳朴，没人嘲笑我，就连那些最淘气的孩子也会主动来找我玩儿，不在乎我有一个傻傻的娘。

事实上，自从有了我之后，除了每日的自说自话和流泪，娘几乎没有不正常的地方了。印象中娘只打过我两次，打得都极狠极重。第一次是我下河游泳，村西有一条清清亮亮的小河，村里的孩子夏天时都去水里扑腾，我当然也去。从不管我的娘突然跳入水里，把我揪了上来，折了一根柳条就没命地抽在我身上，打出了一道道的血痕。我那时一点儿也不记恨她，只是不明白，我爬上高高的树顶去摘野果她不管我，我攀上西山最陡峭的悬崖她不管我，我拿着石头和邻村的小孩打得头破血流她不管我，只在那么浅的河里游泳，她却这样狠打。

还有一次，那时我已在镇上读初中了。有一天她到学校给我送粮，正遇见我在校门前和一个女生说笑。当时她扔了肩上的粮袋，疯了一般冲过来打我，我的鼻子都给打出了血。

我虽然不明所以，可依然不恨她。那时我已能想懂很多事，也从别人口中知道了自己的身世。这样的一个女人，能把我拉扯大，供我上学，所付出的，比别人要多千百倍。我感激我的娘，虽然我不能和她交流，可是我已经能体会到那份爱了。而且，天下的母亲哪有不打孩子的，况且她只打了我两次！

要说娘有让我反感的地方，就是她的眼泪了。不管什么时候什么地方，只要一见到我就哭，这让我从心里不舒服。别人家的孩子一个月回一次家，当妈的都是乐得合不拢嘴，而我的娘，迎接我的永远只有泪眼。有时我问她："娘，你怎么一见我就哭啊，不如当初你不养我了！"那样的时刻，她依然流泪不止，说不出一句话来。

娘对我从没有过亲昵的举动，至少从记事起就不曾有过。她很少抱我，连拉我手的时候都没有。这许多许多，想着想着便也不去想了，娘不是一个正常的人，为什么和她计较这些呢！

在镇上上学，娘每月给我送一次口粮。她把时间拿捏得极准，总是在周六的下午一点钟准时来到学校门口，而那时我正等在那里。她把肩上的粮袋往地上一放，看上我一眼，转身就走。

我常常怔怔地看着她的背影发呆，那背影渐行渐远，她间或抬袖抹一下眼睛，轻风吹动她乱蓬蓬的白发。每一次我都看着娘的背影消失在街道的拐角处，不期然间，那背影竟渐渐走进我的梦里。

考进县城一中后，娘来的次数便少了，变成了几个月一次。主要是为了给我送钱，娘自己是很难赚到钱的，那些钱，包括我的学费什么的，都是村里人接济的。那些善良的人们，自从我进入那个家门，他们就没有间断过对我们的帮助。

高三上学期的一天，刚经历了一次考试，我和一个住校的女同学一边往宿舍走一边讨论着试题。到宿舍门前时，竟发现娘站在那里，风尘仆仆的，三十里的路，她一定又是徒步走来的。她看到我还有我的女同学，愣了一下，猛地冲过来，高高扬起手，停了一会儿，慢慢地落在我的脸上，轻轻地抚摸了一下，那一

刻，我的心底涌起一种巨大的感动。她从怀里掏出一卷钱塞进我的口袋里，又看了我一会儿，眼角渗出泪来，然后便转身走了。我转头对那个女同学说："这是我娘……"

那竟是我和娘最后一次见面，她在一个月后的一天夜里，静静地离开了这个世界，这一年，她六十二岁。我常想起最后一次见到娘时的情形，她用最温暖轻柔的一个抚摸，把她的今生定格在我的生命里。

我考上师范的时候，回村里迁户口，乡亲们为我集了不少钱，并在小学校里摆了几桌饭，为我送行。

席间，老村长对我讲起了娘的过去，这是我第一次听到娘的来路。

老村长说，娘原本是邻乡一个村子的村民，丈夫死于煤井中，她拉扯着一个儿子艰难地生活，就像当初养活我一样。她的儿子上了中学后，由于早恋，成绩越来越差，任她怎么管教也无济于事。到得最后，她也就不去管了。可是后来，和儿子谈恋爱的那个女生感情转移，儿子也因此退了学，整日精神恍惚。她本来觉得时间一长就好了，可是终于有一天，这个孩子投进了村南的河里，淹死了。从那以后，她就变得疯疯癫癫，家也不要了，开始了走村串屯乞丐一般的生活。直到到了这个村子，她竟在这里安下身来。

那一刻，忽然就记起了娘打我的那两次，心中顿时恍然。就觉得曾被娘打过的地方，又开始疼起来，直疼到心里，我的眼泪落下来。

以后的生活中，对娘的思念已成了一种习惯，常常于不觉中满眼泪水。我在每一条路上观望，朦胧的目光中再也寻不见那个蹒跚的背影。娘当初的泪水如今都汇集到我的眼中，而那背影已是远到隔世。我最亲的娘，她的眼泪与背影，竟成了我今生今世永远都化不开的心痛。

Depth

Title /有一种爱和死，我们都还陌生

Author /骆冰

一

我从小就不喜欢她，因为她总是打我。我在外面玩饿了跑回家，总是习惯地大喊一声奶奶，一边到处找吃的。她就会踮着脚走到我后面来，抬起手，在我的屁股上猛拍一巴掌，大吼：我让你叫奶奶！火烧火燎地疼。我捂着屁股，眼泪打着转转。

爱，那么疼……我一直想走，回到奶奶家去。好几次趁她不注意逃离了小院子，结果没跑到村口就被她捉回来，免不了一顿打，她好像随时都有一股无名的火气。

她的钱藏在裤子口袋里，包了两层手绢。那手绢白白的，上面绣了一朵牡丹花。我一直觊觎这手绢，可她藏得严严的。她每样东西似乎都很好看，茶杯是成套的，炕上铺了大红的绒毯，鞋垫里总绣着花，头发油光光的。可是她不爱我。

我就常常想起奶奶，一个人在被窝里哭。奶奶对我多好啊，夏天带我上山采野果子吃，冬天将我揣在被窝里讲孙悟空。记忆中她从没喜欢过我。前几年，她到奶奶家去，穿着崭新的紫色旗袍，头发拢在脑后，一丝不苟，我看着新鲜，吃饭的时候，一边叫着姥姥，一边凑到她跟前去讨吃的，她一抬眼睛，呵斥道：小孩子，真没规矩。那神情，我一直记在心里。奶奶见她呵斥我，立刻变了脸色，拉着我的手走开了，爸爸妈妈也很尴尬，默默低头吃饭。

只不过是两年时间，我就来到了她的身边，每天吃她做的饭，住她的房子，挨她的打。

上学了，她给我做的书包是最好看的，用布角拼出好看的五角星，带子上还缝了蝴蝶结，可是我一点也不开心。刚开始上学，人家都有爸爸妈妈爷爷奶奶宝贝似的接送，我却一个人背着大大的书包，一步步往回走，期待着她能站在夕阳里迎接我，每次都失望而归，她不是在菜园子里忙活，就是已经推着三轮车满村子卖菜去了。

柴门上了锁，我只好蹲在门口等。好几次，我冲她大吼，扬言如果她再锁门我就不回这个家了，她睬都不睬我，轻描淡写地说：你能去哪里？

二

学校里开始开家长会了，她没空去，每天都在忙碌，种许多的菜，除虫，拔草，卖菜。

年末的家长会上，我因为考了前三名，特别想妈妈能来跟我一起参加。正是农闲时节，几乎所有家长都来了。孩子们在各自的父母跟前撒着娇，打打闹闹，只有我一个人形单影只。有调皮的同学嘲笑我，间或还有家长投过来复杂的眼神，我心里难过得要命，于是我决定自己去找爸爸妈妈。那天，奖状都没有领取，我就一个人踏上了出村的路。

三年没走过，路已经生疏了，幸好，我还记得家里的村名。下了雪，我一个人在雪地里一路走一路打听着，终于摸索到村口，熟悉的树和房子，扑面而来，我觉得喉咙发紧，手里冒汗，心跳得咚咚响，三年了，我想了三年，今天终于回到家了。正在狂喜的时候，我看到了她和妈妈，她穿着厚厚的棉袄，妈妈胖了些，走在她身边，看样子是送她的。她去看妈妈，都是等我上学的时候，原来她一直去看妈妈的，只是不让我知道，心里忽然就涌上了恨意。我悄悄躲起来。

在村口，妈妈掏出几张钞票来塞给她，她怒冲冲甩掉，然后大步流星着走了，钞票散了满地。妈妈小声嘀咕：这是何苦呢？

我再也忍不住，从房子后面跳出来，大喊一声：妈！作势要扑在她怀里，妈妈一惊，扭头躲了一下子，尽管她脸上仍然是笑着的，我还是清晰地感觉到这微小的躲闪，妈妈大概是意识到了，有些尴尬，为了掩饰，她说：燕儿长高了，漂亮了！

她已经跌跌撞撞跑过来，还摔了一跤，膝盖上有雪，她拉起我，大声说：走，咱回家。

我被她拖着走，在雪地上萎靡出一道深深的痕迹，我以为妈妈一定会上来拉住我，或者拉开她，可是妈妈只是一动不动站在雪地里……我的心里，霎时也落满了雪。

以前，我一直缠着她问爸爸妈妈，她脸上挂着霜，一边干活一边回答我：你没有爸爸妈妈。你撒谎。因为委屈我开始哭喊：一定是你非要抢我跟你做伴，不让我见他们。她怔了怔，扬起巴掌拍过来。

现在，我有点明白了，一定是妈妈和奶奶不要我了。

回到家之后，我好像一下子就懂事了，什么也没问，默默地跟在她的后面，收拾碗筷，洗衣服。她一直跟我说话，说燕儿，今天领奖状没？今天姥姥做饺子吃好不……我不回答，心被悲伤覆盖了，我想，为什么没有人爱我？

此后，再也没有妈妈和奶奶，日子平静流逝着。

那个时候，她也就五十岁吧，姥爷过世了，舅舅离得远，也不常回来，家里就我们两个人，五间房子显得空落落的。她爱絮叨，每天吃完晚饭就一边数落我一边缝缝补补，赚一些零花钱。说我是讨债鬼、搅人精这样的话，火盆里埋着土豆和红薯，盆沿上烤着花生。

我写作业，看书，她做针线，绣花。那些零食我们一人分一半，大多数的晚上，就这样过去了。

三

有高年级男生开始喜欢我，天天跑到老槐树下等我一起上学，他偷偷拉我的手，心里漫过蜜一样的甜，我每天都想让自己更好看些，在头发上别一朵花，或者用彩色的毛线拼成一朵花来戴。我虽然不喜欢她，可是，我已经十七岁，知道了她的辛苦，我们俩所有的花销都要自己去赚。

假期的时候，她去卖菜，让我推着小车子卖冰棍儿，遇见同学我总是羞愧难当。她却坦坦然大声吆喝着，小葱小葱，鲜嫩的小葱啊——声音拖得很长。我则缩着头，恨不得钻进地缝里，她在旁边大声喊：有什么丢人，自己赚钱自己花，你不吆喝卖不了，别指望我给你交学费。

第二天，她就真不管我了，扔给我一箱冰棍，就推着车走了，卖菜去了。

哪里有这样的姥姥，我跟邻居抱怨，跟谁都不亲，只爱她自己，自私。邻居大妈笑眯眯地看着我：你姥姥就这样，精致一辈子喽……

她精致。我不服气，我亲眼看见她为了一毛钱也跟人家争得你死我活。

除了爱美，她还爱吃零食，没有钱买蜜饯水果的时候，她的口袋里就总是装着花生，炒熟了，再卤一遍，非常美味。那是她自己的，分给我也总是很少的一点点，她说：你还小，日后有的是机会，姥姥是快入土的人了，再不享受就没机会了。所以，我刚刚够到锅台，她就将做饭的任务交给了我，自己清闲。

有一年夏天，她种了香菜，那一年香菜奇贵，除去生活，居然小剩了一点，她兴冲冲拉着我去逛街，到最后，却给自己买了件紫色的天鹅绒旗袍，滚着边儿，修身又好看，却死贵。看着她兴高采烈捧着旗袍，我低头看看自己身上洗的发白的旧衣服，转身就回家去了。

男孩子最终去喜欢一个长发飘飘的美丽女生了，我整整郁闷了一个月，她都没发现。

那天晚上，她穿上新买的旗袍在镜子前照来照去，终于满脸惆怅，老了，穿啥也不好看了。我偷眼看她，已经没了第一次见她的爽利样子，头发悉数花白，也乱，不再光溜溜了。她失落得不行，整晚都在看以前的旧照片。

心里忽然有点难过，不为她的苍老，只为了这么多年无爱的空白岁月，命运将我和她拴在一起，我是那么委屈和难过。

我走的时候，第一次抱了她，这个嚣张的老太太，居然羞涩地转过了头。她穿上了那件紫色的旗袍，像一片深秋的树叶。

当知道她终于跟舅舅去了城里后，我再也没有回去过，写信，她也不认识字，打电话，她要跑很远的路去接。况且，她面对电话的时候，总是不会说话，吭吭哧哧的。

我找了两份兼职，开始了全新的人生。对她的思念本来就淡，慢慢地，就稀释在空气里了。然后我顺利留在城市里，有了自己的意中人和一份不错的工作。我结婚的时候，她给了我一只玉镯子，我随手扔在箱子底，心想她那么小气的人，不过是地摊

货。老公对于我不跟家人来往很疑惑，我告诉他，我姥姥冷血，所有儿女都不喜欢她，不回家，我妈妈也跟她一样，遗传。

有一个晚上我却开始梦见她，生活安逸无忧了，她却跑出来，一次次在梦里拍我的屁股。给舅舅打过电话去，舅舅说：她早走了，跟舅妈合不来，还总喜欢骂人。言语里颇多不满。

她一个人，八十岁，住在破旧的乡村小院里！天啊，那天我们几乎是连夜驱车赶回去，发现她傻呵呵坐在门口笑，衣襟上都是口水。

我说姥姥，燕儿回来了。她抬头看我一眼，继续笑。那些日子，她完全不认识我，自顾自地说着话：我老了，说不定哪天就走了，燕儿在世上就孤零零了，你要学习自己照顾自己，自己回家，自己做饭吃……自己做衣服穿，我总要走的，你没有爸爸妈妈，你跟人家不一样，她对着鸡鸭说，对着我女儿说，捏着她粉嫩的小脸蛋叫燕儿，说爸爸妈妈领养我的时候她就不同意……都是一些凌乱的片段，却都跟燕儿有关。

心里漫过无边无际的哀伤，很惶恐。她得了这么严重的老年痴呆症，我打算接她回家，她不肯，叫我柱子，柱子是我舅舅的小名。说我哪里也不能去，我去了，燕儿怎么办，她就没有家了。我只好留下来照顾她，握着她的手，心里无比温暖。

第三天早上，毫无预兆，她穿着华丽的旗袍，永远闭上了眼睛。

她的葬礼上，我看到了妈，妈也老了，臃肿而笨拙，我终于问出了在心底藏了多年的疑问：为什么你们把我扔给她？妈不看我的眼睛，轻轻叹了口气：燕儿，不是这样的，你不是我们硬扔给她的，是她自己把你捡回来的……

终于知道了自己的身世，原来是妈妈不生育，抱养了我，一家人都疼得要命，尤其是奶奶，可是五年后，妈妈奇迹般生下了弟弟，我的地位一下子一落千丈，家里人商量着我是个累赘，要送到孤儿院去，是她看我可怜，在半路上硬要了来。从此，妈妈不上门，舅舅也不回来，都说她傻，从此懒得给她钱来供养我。他们疏远她，她就找他们作对去，一次次，彼此寒了心，她半辈子精致养尊处优，却偏偏为了我，要亲手做饭，种菜，做针线活来养家。我开家长会，她去求妈妈来，妈妈不肯；我考上大学，她去找他们要学费，他们不给，她就大骂一个月……

那两枚玉镯子，他们要过几次，她不给。一枚卖掉当做学费了，一枚送给了我。

她留下的遗物，除了几间房子，就是一个大箱子，打开，里面是满满的零碎，我小时候哭着喊着要的花手绢，发了霉的零食，我的花书包，考了前三名却没有领回来的奖状，都是她藏起来又忘了的，零零碎碎，像她的人生，半生的辛苦全都与我有关。

对着箱子，疼，一层层漫上来，撕心裂肺。

Lurk

Title /潜伏的父亲

Author /佚名

【1】

那天范小宣看到一句话，说夕阳时分带来忧伤。她双手掩了脸，许久，指缝中有温热渗出。

她想起了那个暑假的许多黄昏，黄绒一样的光照在阳台上。那是一天里相对静美的时候。

她站在阳台上看着妈妈穿过一小段小巷，时间最多5秒，如果她小跑就会一晃而过。出了小巷就是车站，每一辆车都有可能带走妈妈。

妈妈出门前，总会站在门口对她说，我出去一会儿，你好好写作业。她没有回头，甚至屏住呼吸。她不想看妈妈的眼影，不想闻妈妈身上的香水味。

关门声响起时，她的眼泪跟着滑了下来，然后，她跑到阳台上看妈妈的背影。不声不响，她怀揣了一个巨大的秘密，这让她难过。

连着一个星期，黄昏时分，妈妈总会接到电话，这时不管她在哪里，她都要朝卧室走，还要掩了门。说话的时间有时长有时短，出来时表情肯定起了变化，看不出是高兴还是难过。然后，妈妈就出门了。

她站在阳台上目送，咬着嘴唇。她觉得危险逼近了，可是爸爸浑然不觉。此时爸爸正穿过大街小巷，或者正在等红灯。他开夜班出租车，过着黑白颠倒的生活。

他说，晚上开车，好像街道都是他的。又说，半夜的一场大雨，像是给他一个人下的。

有一天，她忍不住给爸爸打电话，还没接通她先挂了。她不知道说什么，怕哭腔影响他开车。

其实，她在阳台上待不了多久就转过身了。阳光像是染在眼睛里，房间里满是橘黄，渐渐淡了。台灯亮了，她开始写作业。一只耳朵听着门，听那熟悉的脚步声渐近。常常，她会看一下桌子上的钟表，在纸上写上时间。

一周统计下来，她发现妈妈出门的时间大多在一个小时之内。这个结果表明，她的活动范围不会太大。

她想，得学着当一回特务。

【2】

只是，没等范小宣开始侦察，妈妈就不再出去了。她开始安静地坐在家里，好像什么事也没有发生过。

黄昏的电话不再响起。妈妈没描眉，穿着罩衣，拖地，整理沙发，递给她一杯温水，提醒她注意坐姿。看电视，她和妈妈讨论某个男主角帅不帅，大大咧咧地说着有关爱情的字眼。

妈妈微笑，只是应着，并不展开话题。

这天她乐呵呵地问，妈，女人一辈子谈多少次恋爱才不亏呀？

妈妈怔了怔说，那得看遇到了什么人。遇对了人，一辈子都丰盈；遇不上，哪怕天天谈也是一贫如洗。

她说，妈，那你呢？妈妈笑笑，我很好呀。

隔天，她问爸爸爱不爱妈妈。爸爸咧着嘴说，当然啦。她不依，一定要他说出口。妈妈让她别闹，说，要你爸说出那个字比登天都难。爸爸说，“神六”都上天了，有啥难的？接着说，我爱你妈。

那一刻客厅里的空气婉转迷人。三个人面面相觑，都有些不好意思。还是她夸张地掩了脸说，肉麻。

暑假过到一半时，她回学校补课，给高三打底子。补课是她喜欢的，那时她暗暗喜欢同桌，喜欢时时见到他，浅浅地盈在眼里，却什么也不说，偶尔会写在日记里。像所有青春期的女生那样，纯白，青春洋溢。

夏天的雨，说来就来。她穿着连衣裙，暴雨让她的身材一览无余……正在这时，有个男子追上她，递给她一件雨衣。那一刻，她感动得差点掉泪。她说，叔叔，回头我怎么还你？男子说，说不定还会遇到。

那张脸，似曾相识，也许在车站，也许在校门口，也许在公园，也许在街的拐角，她想不起来到底在哪里见过。

在巷子口，爸爸等着她，手里拿着雨衣。

她说，有个好心人给了件雨衣。爸爸说，那你说“谢谢”了没有？她说，说了啊。爸爸打了个哈欠说，那人是个高个子？她奇怪地问，你怎么知道？爸爸笑着说，50％的可能呀。她也笑了。

只是妈妈接过雨衣时，有点迟疑，似乎想和爸爸交流眼神，却没能接上。他去了卫生间，哗哗哗，给浴缸放水。

她再一次觉出了异样。

【3】

她准备带雨衣还给那个好心人，却发现雨衣不见了。妈妈说，风吹跑了。她在阳台上张望，她不信。妈妈教育她说，不要跟陌生人说话，不要接受陌生人的东西。

范小宣是个敏感的女孩儿，从小就是，总能品出些许不寻常，比如妈妈漂亮，坐办公室，而那时爸爸当工人，没几年又下岗了。她想不明白，妈妈怎么会嫁给爸爸？当然她要问。

第一次面对这个问题，妈妈有些紧张，问她为什么这样问。她举例子说开家长会，别人的爸爸打领带啊穿皮鞋啊，只有爸爸没有。妈妈松一口气说，那是因为穿球鞋好开车呀。这个答案，她不满意。

又问外婆，外婆说，那是因为你爸人好呀。这个答案她是喜欢的，爸爸是真的好，不骂她，不打她，妈妈就做不到，脾气一上来，凶恶得像《白雪公主》里的王后，这时，爸爸会抱起她，擦她脸上珠子似的眼泪。再后来，她不想这个问题了，好像一想就对不住爸爸。

再大些，她问爸爸当年是用什么甜言蜜语哄妈妈的。爸爸笑着说，那可多啦，我跟你妈青梅竹马嘛，我学习不太行上了技校，你妈念大学。我还以为你妈不要我了呢，结果她念完书就回来啦，天上掉下来个林妹妹嘛。爸爸很得意。

有一回，她从抽屉里翻出他们的结婚证，照片上的两个人傻傻的。她盯着结婚日期看，有些不好意思，原来他们未婚先孕啦，结婚不到8个月，她就出世了。她绕着圈子问妈妈，妈妈说，是早产呀。

她认定妈妈说谎，她的出生证明上写着重量，差不多7斤，这哪里是早产呢？她想，是妈妈不好意思吧……

在去学校的路上，她满腹心事。再次看到那位好心人，是几天之后。

她说，叔叔，那雨衣让风吹跑了。

那人笑笑说，没事啊。

她说，我妈说回头买一件还你。

那人说，跟你妈说不用了。

她说，你们认识？

那人有些慌乱地摇头说，不。

她说，我怎么觉得像是经常看见你，你接孩子？

那人说，不，嗯，是。

他结巴的样子让她笑了起来，衣着光鲜的人也会惊慌失措？只是笑完之后，她的眉头拧起来，那人为什么会惊慌呢？

她没有想到妈妈会看她的日记，妈妈问日记里的那个男孩是谁。那一刻，愤怒和委屈像潮水一样涌上她的胸口，她大声质问，那你晚上出去见的那个男人是谁？

妈妈像是被击中了软肋，看着她，一会儿就眼泪汪汪了，不过，什么也不肯告诉她。

【4】

那个曾给她雨衣的男人喊她，小宣。她愣在那里，他怎么会知道她的名字？他说，我和你妈曾经是朋友。

她问，怎么了？他从包里小心地掏出一张照片递给小宣，只一眼，小宣就看出照片上那个男子是他，不过比现在的他年轻。而他身边的女子正是妈妈，笑吟吟的。

讨厌的蝉在树上叫个没完。他说，没别的意思，真的，就是叙叙旧，我马上要去国外了。他说，你要好好爱你妈妈，爱你爸爸。这话，他说了一遍又一遍。

末了，他把手里的皮包给她。她拒绝，他打开给她看，说是一些相片。他说，都是你的。

这让她好奇，就接了下来。

回家关上门看那些相片，竟然没有一张是跟家里相册里的一样的。镜头一直对准她，从她四五岁的样子一直拍到最近：她扎着小辫子骑在爸爸肩膀上的，在校门口买贴画的，低着脑袋踢石子的，手搭在同桌肩上骑自行车的……

那一刻，她莫名地哭了。他为什么要这样？他又是谁？她想，他肯定隐藏了一段往事。她想，也许她和他还有机会，像两个相识已久的故人，坐在午后的树荫下聊天——尘封的往事已经破了口，那么就让它像潮水一般，一波接一波涌过来吧。

她收起了那些相片。她想，现在什么都不能说，特别是对爸爸。她怀揣了一个秘密，像是一个叛徒。

【5】

那天是周末，妈妈在单位加班，爸爸依然在睡梦里，鼾声高高低低传来。她在看书，某一刻她又想起那些相片，于是从床下找出来，那是她的成长记录，每一张后面都记着时间。

爸爸的鼾声停了下来，她回头，爸爸站在她身后。收拾相片已经来不及了，她努力地想该如何跟爸爸解释时，爸爸说话了。爸爸说，那人给了你雨衣，给了你相片。她惊讶，爸爸说，我也跟着你的……

她说，这是为什么呢？爸爸说，那人没有说？她说，没有，他只是说，要爱你爸爸，爱妈妈。爸爸说，那我跟你说吧，其实，他也是你爸爸。

那一刻，她扑进爸爸怀里失声痛哭。是一只午后的蝉，见证了她成长的瞬间。爸爸说，这个真相被我发现时，我恨了你妈两年，那时你3岁，可我没法恨你，看着你，我的心都软掉了……能来世上的，都是奇迹。你别问其中的故事，等你再长大点，会恋爱了，会想念了，甚至会怨恨了，你会明白的。

午后的阳光，在一寸一寸退去，而她，却马不停蹄地长大了。这时，她听见另一个人的哭声。妈妈回家了。

This longing is for the one who is felt in the dark, but not seen in the day.

Light

Title /照亮大山深处的微光

Author /佚名

一次偶然代课，她在大山深处巴掌大的学校一“代”就是23年。因为她的坚守，山村没有一个孩子失学。茅草教室不能遮风避雨，她和丈夫上山采石，用架子车一车车拉回；拿出全部代课工资买来水泥、木料，耗时3个月，硬是盖起了3间石头教室。但她一家仍住在几十年前盖的土坯房中。

她只想要篮球架等体育器材，让孩子们也能打篮球。她就是驻马店市泌阳县马谷田镇孙庄小学马庄教学点代课女教师徐云玲。

【执著坚守】6位教师离开她却坚守了23年

8月10日，伴着晨雾，位于泌阳县石婆婆山脚下的马谷田镇孙庄行政村马庄村头路边，3间石头房子里，传出琅琅的读书声。这就是孙庄村小学马庄教学点。

石墙上用红漆写的“百年大计，教育为本”非常显眼。教室内，一名女教师带着19名山里娃正在读书。孩子们的桌椅高低不平，有石头垒的，有木制的。孩子们或趴或站，大声读着书。

一会儿，一个孩子哭了起来，女教师赶紧冲教室外喊：“老孙，赶紧把这个小娃抱出去哄哄。”一名瘦黑的中年男子很听话地把孩子抱出去。“不好意思啊，我们山里的孩子是带着小弟弟或小妹妹来上课的。有时，一不注意，带来的小孩就哭了。”女教师说，“老孙”是她丈夫。“这里三年级以下的学生，都是在这个教学点由她教出来的。”村民们说，马庄自然村和其周围的小马庄、寨上、寨后、母鸡湾等7个自然村不同，地处深山，溪流交错，交通不便，离孙庄村小学远的有7公里，近的也有4公里。8个自然村一共有30多户人家200多口人。以前，许多孩子因距学校太远而没能上学。

1983年，为了让偏远山区的孩子都能就近入学，马谷田镇在境内设立了8个教学点。为保证教学质量，镇里还委派公办教师到教学点任教。孙庄小学马庄教学点，就是其中之一。此后3年，先后有6位教师到此任教。但这里的清苦、孤独，让每个教师坚持不到一个学期就申请调离。

1986年春节过后，该开学了，可马庄教学点的门却锁着。眼看着10多名山里娃要失学，家长们急了，当过两年扫盲教师、十分喜爱教学工作的徐云玲主动向村支部“请缨”：“只要乡亲们信得过俺，俺愿意教娃们念书。”就这样，徐云玲以代课教师的身份走上了讲台。“我当时只是想着代一段时间的课，没想到这一‘代’就是23年。”徐云玲说。

【背石建房】花掉7年工资垒起石头教室

马庄教学点的三间石头瓦房，有两扇木窗户，没有玻璃。教室内，两面山墙上设有两块黑板，从学前班到三年级共19个学生，三年级学生面朝西，一、二年级学生面朝东。徐云玲先给三年级上课，讲够一节就停下来布置作业，然后再教二年级，接着教一年级，最后教学前班。

石头教室内，光线有点暗，地面也不平。徐云玲说，但这已经比头十年强多了。

最初，马庄教学点的教室是两间闲置的土坯草房。由于年久失修，既不能遮风又无法避雨。“1993年，眼看草房要倒，我再也不敢让孩子们进去上课了，就把他们领进自己家的土坯房里上课。然后，我和丈夫孙荣合商量，拿出家里的全部积蓄，买水泥、木料盖教室。买不起砖，就到山里背石头，垒石头墙。”徐云玲说，从1986年当上代课教师，她每个月工资32元，到1993年全部工资才2000多元。加上卖花生等，凑够3000元钱，她要为孩子们建新教室了。“当时3000元是盖不了3间教室的，我用这些钱买来水泥、木料等，然后和丈夫一起上山采石头，再把石头背到架子车上，一车一车拉回来，垒成石头墙。就这样，累死累活干了3个月，3间石头房子终于盖起来了，孩子们上课不用再担心刮风下雨了。”

徐云玲说这些话时，一脸兴奋。而她身后自家的住房，仍是1982年她嫁过来时的土坯房。她说，到现在她也没能力为自家盖新房子。

23年来，在徐云玲心中，学生就是她的儿女；在学生眼里，徐老师就是他们的妈妈。

夏秋季节，山里易发洪水，她就早接晚送，把学生一个一个背过河。下大雨的时候，她就留学生在家里吃饭、住宿。如果有学生生病或帮父母干活不能到教学点上课，她就利用晚上或周末，翻山越岭去学生家补课。

【师爱无边】听一句“老师好”放弃北漂梦

2000年冬，徐云玲丈夫孙荣合患上了淋巴肿瘤，丧失劳动能力，卧病在床。徐云玲既要伺候丈夫又要上课，常常忙到深夜。为了不耽误给学生改作业，她就把作业本放在枕头边，半夜醒来披衣起床继续改。整个冬天她没睡过一个囫囵觉。

为了早日让丈夫的病好起来，又不耽误学生的课，她天不亮就起床赶往10多公里外的镇上为丈夫抓药。家里10多亩责任田基

本上也是徐云玲一个人耕种。在丈夫卧病在床期间，她学会了犁地、耙地、播种、打场等。

最困难的时候，徐云玲也没有伸手向任何人、任何部门要过一分钱。当初她的月工资只有32元，1994年涨到47元，到2004年增加到100元。因为一年有两个月的假期，她只能领10个月的工资，而教学点的办公用品费用，也基本上都是从她的工资里支出。

一位在北京打工的朋友，介绍徐云玲到北京一家幼儿园工作，月薪1000元，这相当于她在马庄教学点一年的收入。“我当时真心动了。”徐云玲说，在她准备走的第二天早晨，12个学生娃儿准时来上学了。“石头教室的门锁着，我看到了孩子们在教室前等着。他们似乎也感到了什么，怯怯地望着我，并轻声地冲我说‘老师好’。那一声声‘老师好’把我的心都喊碎了。我扔下行李，打开教室门，把他们带进去，又像往日一样拿起了教鞭。”

顿时，寂静的山间，孩子们洪亮的读书声再次响起。“家里的难事总会过去。我不在，孩子们就没学上了，我舍不下他们，只要我在一天，就不会让他们没有学上。”徐云玲流着泪说。

23年来，作为马庄教学点唯一的老师，徐云玲送走了一茬又一茬的学生。她的学生有的升入初中、高中，有的考上了大学，有的还读了博士。23年来，因为徐云玲的坚守，当地适龄儿童没有一个失学。

【美丽心愿】想有个篮球架让学生们练投篮

虽然20多年来，马庄教学点的教学质量在马谷田镇8个教学点中一直名列前茅，但徐云玲依然是个月工资只有200元的代课教师。她一家仍住在几间土坯房内，家中的1台29英寸彩电和1台电脑是今年年初北京的一位爱心人士送的，此外家中最值钱的东西就是她当年的嫁妆——一辆架子车。

课间时分，徐云玲教19名学生先做广播体操，然后又带学生跳绳。有几个男生手里拿着一只篮球，相互传来传去。徐云玲看在眼里疼在心里。她说，打球是男孩子的天性，城里的孩子会投篮，山里的孩子连个篮球架都没有，只能拿篮球相互传着玩。“谁说山里就出不了姚明这样的体育明星？”她的心愿有很多，比如：为孩子们盖一间图书馆，给孩子们弄间电脑室，给孩子们弄些新桌椅，但她最大的心愿还是能为孩子们添置一些体育器材，如篮球架等，让山里的孩子也能打打篮球投投篮。

Travel

Title /一场与生命赛跑的旅行

Author /佚名

我的好友M怀孕7个月了，她为了保住自己在旅行社的职位，问我愿不愿意代替她工作一段时间。我来美不久，很渴望接触社会，便毫不犹豫地答应了。

M的工作是接听电话、帮助客户安排旅游计划和回复电子邮件等。她给我一份她的客户名单，是她工作近两年积累起来的，约有60位。她再三关照我，要给这些客户最优惠的待遇。

一天，来了一个西班牙裔美国人弗雷多，是M的客户之一。

他衣着不考究，鞋子边缘有一圈脏痕，我第一感觉他是个蓝领。果然，弗雷多说他曾是一家物流公司的仓库工人，刚刚递交了辞职书。我快速查阅了客户记录，发现弗雷多仅在前年圣诞期间订过一次短程来回机票，不是一个经常旅游的有闲人士。这次，他想去哪里旅行？

“今天是为我儿子来订票的，我辞职就是为了陪儿子旅游。”弗雷多平静地说，像个财大气粗的人。

“小姐，”弗雷多有些迟疑，“我要预订的行程，会很复杂，要麻烦你多多费时费心。”

把复杂的旅游安排得妥帖，我喜欢这样的挑战。我自信地说：“我会做到你满意为止。”

“我的儿子今年9岁，他爱好体育运动，特别是足球。他是一个好孩子，可是3个月前……”弗雷多停了一下，接着，一字一顿地说，“医生诊断他患了严重的青光眼，视神经开始萎缩，不久将要失明。”弗雷多眼里流露出一丝痛苦的神色，我的心也打了一个冷战。9岁，这么年少，失明，怎么能接受呢？

“你知道，小孩子患上青光眼，不痛不痒，不红不肿的，就像没事一样，只是视物日渐不清楚。我们只顾工作赚钱，发现得也太晚了，我们做家长的对此是有责任的。所以我辞职了，我想用尽可能多的时间来陪我的儿子。有些人认为我不应该辞职，其实这些都不算什么，工作可以从头来过……”

“听到这个消息，我也非常难过。”我说，“请告诉我，我们还有多少时间？您有哪些要求？”

“只有4个月左右，还要考虑因为旅途疲惫所需休整的时间，这可能会占行程的百分之三十。说实话，我和太太都喜爱旅游，但经济条件不允许我们游山玩水。这次，为了节约经费，我太太放弃了同行，就我和儿子两个人。

“我们打算去欧洲的几个国家。我要带儿子去瑞士滑雪，之前我一直觉得这是等他再大一点可以做的运动；我要带他去澳大利亚看看世界七大奇迹的大堡礁，看看海底世界；我还要带他去看中国的万里长城。如果时间还有多，我还想让他去看看别人是怎么生活的。

“为了节省时间，也为了我儿子的身体，我只能让他坐最好的舱位，这本应是他成年以后，靠自己的能力才能得到的享受，现在只能由我和我太太代做了。我希望儿子在他看不见之前，好好感受一下这个世界，看看世界各地的美景，看看别人的生活，希望他在以后的日子里仍旧能够感受到那些看见过的精彩。”弗雷多的眼里闪现出憧憬，但转瞬忧郁又折返回来。

“你真是一个好父亲啊！”我由衷地感叹道，“请给我一天时间。”

有一种爱，是要拿像生命一样宝贵的时间来做代价的。如此不寻常的旅程，需要和时间赛跑的最佳线路。弗雷多走了以后，我与有经验的同事商量，和M通了电话，所有的协作单位都愿意为弗雷多父子俩开一连串特殊的绿灯。

第二天，弗雷多就收到了旅行社专门为他和儿子设计的全程安排，他非常满意。

4个月后，弗雷多和他儿子回来了。据说，他的儿子在旅行的最后几天已完全失明。

Heaven

Title /守望天堂的时光
Author /佚名

一

五岁的时候，你说我不能再叫你妈，要叫你婶，管大妈叫妈。

五岁的时候，父亲因病去世了，你把我送给了大妈做儿子。

五岁的时候，我常常趴在低矮破旧的院墙上，看着我曾经的兄弟姐妹围在你身边，等着一锅粗面馒头出锅。一双双肮脏的小手迫不及待地伸出来……你驱逐着他们，愤愤地说他们是一个个小饿死鬼。

他们不走，依旧围在你身边，眼睛盯着黑糊糊的锅盖。

你抬头看见我，刚刚还充满愤怒的眼神忽然变得充满愧疚，你一定有些慌乱，不停地在衣服上擦手，然后朝我招招手，小心翼翼地喊我的小名，石头。

他们也飞快地仰起头来，看到我，一起笑，我不能分辨那样的笑是善意的还是嘲弄的，便飞快地从墙头上溜下来，撒腿朝不远的新家跑去。

冲进门，大妈正在煮鸡蛋，说："石头你又跑哪去了，快，来吃鸡蛋。"

我不说话，闷声接过还烫手的鸡蛋，蹲在地上找了个石头磕几下，蛋壳碎了，露出诱人的蛋白，我赌气一样一口吞下。

大妈在旁边爱怜地看着我。

过了大半年，我才肯叫她妈。她很疼我，是真的很疼我。她是个温和的女人，也许因为她读过书，大伯又在外面做事的缘故。而你总是在焦虑的时候骂我们这些孩子，好像是我们让你的生活变得困苦。

或许你终于是厌倦了，终于不肯再负担，所以那天大妈一开口，你就迫不及待地将我推到了她面前。你说："石头是这几个孩子里最听话的，你就要了他吧。"

大妈把我拉到身边，抚摩我乱糟糟的头发，似乎犹豫了片刻，点了点头。

你好像终于松了口气，眼神轻松起来。是那样的眼神，才让我小小的心里忽然充满了怨恨，你把我抛弃了，你不要我了，你为此感到轻松。

家里真的很穷，哥哥和姐姐常常为争一块馒头打得不可开交。寒冷的冬天，我们兄弟姐妹四个人挤在一床被子底下取暖。记忆中的夏天我们总是光着脚度过……

这是你把我送出去的理由吗？可是你知道吗？纵然再贫穷，那也是我的家。而你，把我从家里赶走了，不再让我叫你妈。

对一个五岁的孩子来说，那是一种巨大的痛苦。大妈为我穿上新衣的那天，我一言不发地咬着嘴唇。你说："石头打扮起来就是好看，石头的眉眼好。"

大妈点着头，我却快要把嘴唇咬破了。我心里只有一个念头，你抛弃了我。

你真的抛弃了我。我住到大妈家的第二天，你来送你给我做的一双鞋子，我喊了你一声妈。你慌忙说："石头，叫婶。"

大妈说："孩子想叫什么就叫什么，以后，他有两个妈。"

你固执地摇头，"不能那样，有规矩的，不能乱了规矩。"然后又重复一遍，"叫婶。"

二

大妈温和而且耐心地爱着我，爱着一个心里充斥着屈辱和怨恨的孩子，慢慢地用她饱满的爱将我一点点改变。我毕竟还小，容易被温暖。我终于叫她妈的那天，她哭了。

七岁，我读小学的时候，我和妈跟着父亲——也就是曾经的大伯去了城里。

兴许是我的缘故，妈对你和那个家越来越照顾，走的时候，体面的房子都给了你，还有那些看起来不错的家具。那天你一直在看我，后来你伸手想摸摸我的头，我躲开了。

第二天，我跟着妈离开了生活了七年的乡村，离开了你。

三

对一个孩子来说，忘记真的很容易。城里的生活很新鲜，对我充满了诱惑力。我只用了很短的时间就改变了一个农村孩子多年的生活习惯，越来越像城里那种洋气的小孩。穿校服，穿白运动鞋，头发短而整齐，说普通话。我不让妈再叫我石头，而是叫我的学名，张谦。

四

我没有想到你会来。秋天的季节，街上刚刚有落叶的日子。那天放学回到家，进门就看见你。

我不知道那时候你多大的年纪，看起来像个老妇人，颜色暗淡的衣服，很久没有清洗的头发，还有粗糙的手指。看到我，你充满着慌张和惊喜，怯怯地唤我：“石头。”

“别叫我石头。”我粗暴地打断你，“我叫张谦。”

你一下不知所措起来，张了张口，没有说出话。妈端着菜从厨房里出来，说："张谦，不许这么跟婶说话，婶是来看你的。"

饭桌上竟然有新鲜的玉米。我不假思索地伸手拿了一个贪婪地啃。这是我小时候最爱吃的，但那时候你总舍不得在它们正新鲜的时候摘下来煮给我们吃，总要等到熟得咬也咬不动。

妈说："就知道自己吃，婶大老远给你背来的，你这孩子，怎么越来越不懂事。"

咯噔一下，我猛地被噎住了，手里的玉米吃也不是放也不是。你慌忙站起来捶我的背。我咳了一声，咳出一粒玉米。你说慢点吃慢点吃，婶给你拿了好多呢……

我却失去了吃的兴趣，因为是你拿来的。我不想再接受你给我的任何东西——爱，或者其他。你将我送了人，我和你已经没有关系。

五

你住了一晚，一直在和妈说话。我听到你们很少的对话，妈说："孩子在这里，你放心吧，以后想了就来看看。"你低声地说："放心放心，不来了不来了……"

你就真的没有再来过。

我读了初中，读了高中。那些年里姐出嫁了，哥也娶了媳妇，小妹去了广州打工，你身体不太好……这些事是妈告诉我的。听的时候，我一直沉默着。妈说：“你考上大学回去看看婶吧，这些年，她一直惦记你。”

我沉默片刻，摇了摇头。太久了，我不知道该怎样和你相处，犹如陌生人，是曾经爱过也怨过然后忘记了的陌生人。

1998年夏天，我考上了大学。妈又让我回去看你，我还是拒绝了。妈说你肯定会来的，这次，她把我考上大学的消息告诉了你。

你却没来，让人带了3000块钱。看着那些钱，我不置可否。

钱，妈又让人给你带了回去，还带了一些药。你的心脏不好，腰也不好，一到阴天就会疼。妈说3000块钱可能是你攒了一辈子的。

其实你真的不用这样，我已经不再怨你。但是爱你，也已经不可能。

六

大学生活更加忙碌，看世界，谈恋爱，想未来……毕业，工作，继续谈恋爱……不到30岁的男人总觉得自己会有无限好的生活，并努力为之打拼。

你终于病倒了。这次，妈没有征求我的意见，而是下命令：“张谦，你必须回去。”

回村的路途漫长而陌生。等在车站的是已经年过四十的大哥。“妈快不行了。”他说，“就是咽不下那口气，在等你。”

你真老，满头的白头发，可是大哥说你才六十四岁。你看起来像八十四岁。

你的一双手干枯得只剩下皮。我站在你身边，为眼前的情形心酸，忽然想喊你一声妈，像小时候那样，可张了张口，喊的却是婶。

你听见了，伸出手摸索着找我的手。我弯下身来。你想说什么，可你太虚弱了，我只得将身体弯得更低，低到你的耳边。

断断续续，五个字，你说了好半天：“石头，别怨妈……”

石头，别怨妈。五个字，我的心像被撕开了一道口子，二十几年光阴覆盖的痛，就那样一下被撕裂。你的手一松，我慌忙去握，终于握住，硌得我的掌心生疼。

你就那样走了。听到哭声一片，我呆呆地伏在你身边，握着你瘦削的手指，久久没有眼泪流出。

七

那晚，我和大哥为你守灵。

大哥是个有些讷言的汉子，断断续续地说：“石头，那些年，因为你，我一直生妈的气。不是气她把你送走了，是气她送了你而不是我……”

我是出生在中间的孩子，上有哥姐下有妹，出生时就身体不好，多病，吃饭时总抢不过他们。大妈没有孩子，又看我们生活艰难，想过继一个抚养。那时哥已多少懂得生活，晓得大妈家里富裕，哭着喊着要过去。而我们家乡的风俗，过继给人的也应该是长子。为了我，你却硬是违了这个例……

你一定要将我送出去，我不知道那一刻你的心有多疼。而你在失去我的那么多年里，是怎样隐忍着不去看我，不去打扰我的生活。这么多年，我始终是你生命里的一道伤口，再也没有复原，

你爱了我一生，想了我一生，也疼了一生。

你还能拿什么来爱我呢？在生活的苦难面前。而如今，我又能拿什么回报你呢？在生命的无情面前。

大哥说："妈是想你想得，把心想坏了。"

眼泪终于开始流下来。在你的面前，第一次，我哭得像个不懂事的孩子。

Accompany

Title /陪着你，慢慢变老

Author /佚名

1959年，女人成了寡妇。丈夫突然撒手而去，撇下她和两个妞妞。

那是三年困难时期的头一年，那年金妞三岁，银妞一岁。两个女娃天天趴在炕头号啕大哭，把女人啃得青一块紫一块。好几次女人动了死的心思。两只手分别掐住两个妞妞的脖子，到最后，又缩了手。她把自己的头发一把一把往下揪。

瘦得只剩一把骨头的女人在院里的麦秸垛下捡麦粒。那是去年的麦秸垛，女人幻想能在下面捡些麦粒给妞妞们熬碗粥。正是春天，太阳无精打采地照着，院子里的月季刚鼓出花苞。女人饿极了，摘一朵花苞塞嘴里嚼，竟然满嘴甜香。女人乐坏了，忙摘了几朵往屋里跑。跑得急，被门槛绊了一跤，下巴磕得血肉模糊。躺在地上的女人仍咧开嘴笑，“妞妞咱们有吃的了！”

男人是女人的邻居，两家一墙之隔。下过雨，土墙垮掉一角，男人重新把土墙垒起来。却没垒到原来的高度，那里多出一个弧形的缺口。

夜里女人听到院子里砰砰两声，像有人跳了进来。胆战心惊的女人抽出枕头下面的菜刀，随时准备拼命。她等了很久，院子里再也没有动静。女人大着胆子来到院子，竟发现地上躺着两根翠绿的萝卜。女人湿了眼，拾了萝卜，去灶台生了火。她要给两个妞妞熬些汤。她知道她们需要这两根萝卜。

女人对男人的感觉，只有害怕。那是一个身高只及她腰部的男人，女人知道那叫侏儒。侏儒没有爹娘，更不会有老婆。侏儒十几岁去上海混戏班子，混到三十多岁又回到村子，就再也没有离开。

有时女人不小心跟他打了照面，立刻魂飞魄散。那是怎样的一个男人啊！他长着一张猩猩般丑陋的脸，他的胳膊长及膝盖，他的两只眼睛深陷进去，闪着浑浊幽蓝的光。他笑着摸摸金妞的脸说：“叫叔。”金妞哇一声哭起来，像撞到了鬼。

以后的每天夜里，那缺口都会飞来一些东西。半棵白菜，几片薯干，一根萝卜，或者几个麦穗。这些东西让女人和两个妞妞

挺过了最难挨的三年。那时候全国人民都在挨饿，女人知道他也是吃了上顿没下顿。

白天再见他，女人说："兄弟，心意我领了，可是你也不好过啊。"他笑笑，说："让妞妞们有口饭吃。"女人抹一把泪，转身走，又停住回头，说："兄弟，如果夜里闷，就来嫂子家坐坐。"那张丑陋的脸就红了，红了后，就不再吱声，低了头匆匆离开。

夜里女人坐在院子里等他。等来的，却是从缺口扔过来的一把黄豆。女人就着月光慢慢地捡，边捡边哭，直到天明。

饥荒终于过去，尽管仍然吃不饱，却不至于饿死。可是夜里仍然有东西从那个缺口扔过来，从不间断。白天女人遇见他，说："兄弟，别再扔了，用不着了。"他嘿嘿笑，不说话。晚上，女人家的院子里，仍然会多出一些东西。

灾难说来就来，没有任何前兆。村子里突然多出一些奇怪的标语，然后有人将男人揪上土台，喝令他站好。他们抽他耳光，向他啐口水。他们怀疑他在上海通过敌，甚至为敌人送过情报。男人挺起胸膛，大声喊："一派胡言！"当然，这为他招来了更多的耳光。女人远远地看着，心一下一下地紧着，仿佛那些耳光打中了自己。

夜里他被放回来，一个人走进黑暗。女人听见他在院子里抽泣，自己也跟着抹眼泪。正哭着，两个萝卜落到身边。女人终于忍不住了，她扯开嗓子号啕大哭起来。

后来那些人终于不再折磨他，因为他傻了。有人让他爬上高高的凳子，怒喝道：“你给敌人送过情报吧？”他说：“一派胡言！”那人就抽了凳子。他从高处一头栽下，当场昏厥。等再次醒来，人就傻了。

他傻了，几乎忘掉一切。可是每天夜里，女人的院子里，仍然会落下些东西。半棵白菜，几片薯干，一根萝卜，或者几个麦穗。

他的门口，每天都有人守着。他们不允许他和任何人接近。事实上，他也从来不主动和任何人接近。因为他性格孤僻，因为他是个侏儒，因为现在他变成了傻子。

女人在街上碰到他，悄悄地说：“兄弟，要是你不嫌弃，娶了我吧。两个人，日子好过一些……”他红了脸，嘿嘿笑。他说：“我是丑八怪。”女人说：“你不是丑八怪，你比他们都好看。”他呆在那里，支支吾吾说不出话。

日子一天天过去，女人一天天苍老。一天天苍老的女人，彻底失去了某一种心思。可是每天晚上，墙的缺口处仍然会飞过来一些东西，从没有间断过。那些东西让女人相信，在夜里，在墙那边，那个身材矮小的男人，的确是存在的。

后来，金妞远嫁给城里的工人，银妞也嫁给了本村的瓦匠。瓦匠跟着银妞来看娘，把礼物放下，在院子里一圈一圈地转。

一会儿回屋，瓦匠说：“娘，这房子太破了，翻翻新吧。”

女人说：“好。”瓦匠说：“还有这墙，这墙也重砌一下吧。”女人说：“不要。”瓦匠说：“娘，我都听说了，可是叔现在扔这些东西有什么用呢？他那样的年纪和身材，万一闪了腰，万一有个三长两短……墙砌高，缺口堵上，其实也是为他好。”女人说：“可是……”瓦匠说：“别可是了娘，接您去住您不去，偏守着这老房……彻底修一修吧。”

女人的墙被加固加高，不见了弧形的缺口。夜里女人一个人坐在院子里，看天上的月，墙那边再也不会扔过来几片薯干或者一根萝卜了吧？月亮从这个树梢钻到那个树梢，女人的心里空空荡荡。忽然女人听到墙那边砰的一声响，紧接着响起阵阵呻吟。女人站起来，疯了一样往那边跑。

门没闩，女人轻轻一撞，就开了。那是一个她完全陌生的院子。月光下女人看到矮小的他正躺在地上挣扎。他的手里攥着一根萝卜，旁边，翻倒着一条破旧的长凳。躺在地上的他咧开嘴笑。他说：“妞妞们有吃的了……”

三天后，他们举行了简单的婚礼。因为一堵墙，因为一些事，他们的婚礼，已经耽搁了太久。婚礼上的他只会傻笑，婚礼上的她只会流泪，可是人们知道，无论哪一种表情，在那时，都是深入骨髓的幸福……

他们已经白了头发。可是那天，人们仍然，也只能，祝他们白头偕老。

Once we dreamt that we were strangers, We wake up to find that we were dear to each other.

Flower

Title /爸爸的花儿落了
Author /林海音

新建的大礼堂里，坐满了人；我们毕业生坐在前八排，我又是坐在最前一排的中间位子上。我的襟上有一朵粉红色的夹竹桃，是临来时妈妈从院子里摘下来给我别上的，她说："夹竹桃是你爸爸种的，戴着它，就像爸爸看见你上台时一样！"

爸爸病倒了，他住在医院里不能来。

昨天我去看爸爸，他的喉咙肿胀着，声音是低哑的。我告诉爸，毕业典礼的时候，我代表全体同学领毕业证书，并且致谢辞。我问爸，能不能起来，参加我的毕业典礼？六年前他参加了我们学校的那次欢送毕业同学同乐会时，曾经要我好好用功，六年后也代表同学领毕业证书和致谢词。今天，“六年后”到了，我真的被选做这件事。

爸爸哑着嗓子，拉起我的手笑笑说：“我怎么能够去？”

但是我说：“爸爸，你不去，我很害怕。你在台底下，我上台说话就不发慌了。”

“英子，不要怕，无论什么困难的事，只要硬着头皮去做，就闯过去了。”

“那么爸爸不也可以硬着头皮从床上起来到我们学校去吗？”

爸爸看着我，摇摇头，不说话了。他把脸转向墙那边，举起他的手，看那上面的指甲。然后，他又转过脸来叮嘱我：“明天要早起，收拾好就到学校去，这是你在小学的最后一天了，可不能迟到！”

“我知道，爸爸。”

“没有爸爸，你更要自己管自己，并且管弟弟和妹妹，你已经大了，是不是？”

“是。”我虽然这么答应了，但是觉得爸爸讲的话很使我不舒服，自从六年前的那一次，我何曾再迟到过？

当我在一年级的时候，就有早晨赖在床上不起床的毛病。每天早晨醒来，看到阳光照到玻璃窗上了，我的心里就是一阵愁：

已经这么晚了，等起来，洗脸，扎辫子，换制服，再到学校去，准又是一进教室被罚站在门边。同学们的眼光，会一个个向你投过来，我虽然很懒惰，却也知道害羞呀！所以又愁又怕，每天都是怀着恐惧的心情，奔向学校去。最糟的是爸爸不许小孩子上学乘车的，他不管你晚不晚。

有一天，下大雨，我醒来就知道不早了，因为爸爸已经在吃早点。我望着大雨，心里愁得不得了。我上学不但要晚了，而且要被妈妈打扮得穿上肥大的夹袄，和踢拖着不合脚的油鞋，举着一把大油纸伞，走向学校去！想到这么不舒服的上学，我竟有勇气赖在床上不起来了。

过了一会，妈妈进来了。她看我还没有起床，吓了一跳，催促着我，但是我皱紧了眉头，低声向妈哀求说："妈，今天晚了，我就不去上学了吧？"

妈妈就是做不了爸爸的主意，当她转身出去，爸爸就进来了。他瘦瘦高高的，站在床前来，瞪着我："怎么还不起来，快起！快起！"

"晚了！爸！"我硬着头皮说。

"晚了也得去，怎么可以逃学！起！"

一个字的命令最可怕，但是我怎么啦？居然有勇气不挪窝。

爸气极了，一把把我从床上拖起来，我的眼泪就流出来了。爸左看右看，结果从桌上抄起鸡毛掸子倒转来拿，藤鞭子在空中一抡，就发出咻咻的声音，我挨打了！

爸爸把我从床头打到床角，从床上打到床下，外面的雨声混合着我的哭声。我哭号，躲避，最后还是冒着大雨上学去了。我是一只狼狈的小狗，被宋妈抱上了洋车——第一次花钱坐车去上学。

我坐在放下雨篷的洋车里，一边抽抽搭搭地哭着，一边撩起裤脚来检查我的伤痕。那一条条鼓起来的鞭痕，是红的，而且发着热。我把裤脚向下拉了拉，遮盖住最下面的一条伤痕，我最怕被同学耻笑。

虽然迟到了，但是老师并没有罚我站，这是因为下雨天可以原谅的缘故。

老师叫我们先静默再读书。坐直身子，手背在身后，闭上眼睛，静静地想五分钟。老师说："想想看，你是不是听爸妈和老师的话？昨天的功课有没有做好？今天的功课全带来了吗？早晨跟爸妈有礼貌地告别了吗？……"我听到这儿，鼻子抽搭了一大下，幸好我的眼睛是闭着的，泪水不至于流出来。

正在静默的当中，我的肩头被拍了一下，急忙睁开了眼，原来是老师站在我的位子边。他用眼神告诉我，叫我向教室的窗外看去，我猛一转过头，是爸爸那瘦高的影子！

我刚安静下来的心又害怕起来了！爸为什么追到学校来？爸爸点头示意招我出去。我看看老师，征求他的同意，老师也微笑地点点头，表示答应我出去。

我走出了教室，站在爸面前。爸没说什么，打开了手中的包袱，拿出来的是我的花夹袄。他递给我，看着我穿上，又拿出两个铜板来给我。

后来怎么样了，我已经不记得，因为那是六年以前的事了。只记得，从那以后，到今天，每天早晨我都是等待着校工开大铁栅校门的学生之一。冬天的清晨站在校门前，戴着露出五个手指头的那种手套，举了一块热乎乎的烤白薯在吃着。夏天的早晨站在校门前，手里举着从花池里摘下的玉簪花，送给亲爱的韩老师，她教我跳舞。

啊！这样的早晨，一年年都过去了，今天是我最后一天在这学校里啦！

当当当，钟声响了，毕业典礼就要开始。看外面的天，有点阴，我忽然想，爸爸会不会忽然从床上起来，给我送来花夹袄？我又想，爸爸的病几时才能好？妈妈今早的眼睛为什么红肿着？院里大盆的石榴和夹竹桃今年爸爸都没有给上麻渣，他为了叔叔给日本人害死，急得吐血了，到了五月节，石榴花没有开得那么红、那么大。如果秋天来了，爸还要买那样多的菊花，摆满在我们的院子里、廊檐下、客厅的花架上吗？

爸是多么喜欢花。

每天他下班回来，我们在门口等他，他把草帽推到头后面抱起弟弟，经过自来水龙头，拿起灌满了水的喷水壶，唱着歌儿走到后院来。他回家来的第一件事就是浇花。那时太阳快要下去了，院子里吹着凉爽的风，爸爸摘一朵茉莉插到瘦鸡妹妹的头发上。陈家的伯伯对爸爸说："老林，你这样喜欢花，所以你太太生了一堆女儿！"我有四个妹妹，只有两个弟弟。我才12岁……

我为什么总想到这些呢？韩主任已经上台了。他很正经地说：“各位同学都毕业了，就要离开上了六年的小学到中学去读书，做了中学生就不是小孩子了，当你们回到小学来看老师的时候，我一定高兴看你们都长高了，长大了……”

于是我唱了五年的骊歌，现在轮到同学们唱给我们送别：“长亭外，古道边，芳草碧连天。问君此去几时来，来时莫徘徊！天之涯，地之角，知交半零落，人生难得是欢聚，唯有别离多……”

我哭了，我们毕业生都哭了。我们是多么喜欢长高了变成大人，我们又是多么怕呢！当我们回到小学来的时候，无论长得多么高，多么大，老师！你们要永远拿我当个孩子呀！

做大人，常常有人要我做大人。

宋妈临回她的老家的时候说：“英子，你大了，可不能跟弟弟再吵嘴！他还小。”

兰姨娘跟着那个四眼狗上马车的时候说：“英子，你大了，可不能招你妈妈生气了！”

蹲在草地里的那个人说：“等到你小学毕业了，长大了，我们看海去。”

虽然，这些人都随着我的长大没有了影子了。是跟着我失去的童年一起失去了吗？

爸爸也不拿我当孩子了，他说：“英子，去把这些钱寄给在日本读书的陈叔叔。”

“爸爸！”

“不要怕，英子，你要学做许多事，将来好帮着你妈妈。你最大。”

于是他数了钱，告诉我怎样到东交民巷的正金银行去寄这笔钱——到最里面的台子上去要一张寄款单，填上“金柒拾元也”，写上日本横滨的地址，交给柜台里的小日本儿！

我虽然很害怕，但是也得硬着头皮去——这是爸爸说的，无论什么困难的事，只要硬着头皮去做，就闯过去了。

“闯练，闯练，英子。”我临去时爸爸还这样叮嘱我。

我心情紧张地手里捏紧一卷钞票到银行去。等到从最高台阶的正金银行出来，看着东交民巷街道中的花圃种满了蒲公英，我很高兴地想：闯过来了，快回家去，告诉爸爸，并且要他明天在花池里也种满了蒲公英。

快回家去！快回家去！拿着刚发下来的小学毕业文凭——红丝带子系着的白纸筒，催着自己，我好像怕赶不上什么事情似的，为什么呀？

进了家门来，静悄悄的，四个妹妹和两个弟弟都坐在院子里的小板凳上，他们在玩沙土，旁边的夹竹桃不知什么时候垂下了好几枝子，散散落落的很不像样，是因为爸爸今年没有收拾它们——修剪、捆扎和施肥。

石榴树大盆底下也有几粒没有长成的小石榴，我很生气，问妹妹们：“是谁把爸爸的石榴摘下来的？我要告诉爸爸去！”

妹妹们惊奇地睁大了眼，她们摇摇头说：“是它们自己掉下来的。”

我捡起小青石榴。缺了一根手指头的厨子老高从外面进来了，他说：“大小姐，别说什么告诉你爸爸了，你妈妈刚从医院来了电话，叫你赶快去，你爸爸已经……”

他为什么不说下去了？我忽然觉得着急起来，大声喊着说：“你说什么？老高。”

“大小姐，到了医院，好好儿劝劝你妈，这里就数你大了！就数你大了！”

瘦鸡妹妹还在抢燕燕的小玩意儿，弟弟把沙土灌进玻璃瓶里。是的，这里就数我大了，我是小小的大人。我对老高说：“老高，我知道是什么事了，我就去医院。”我从来没有过这样的镇定，这样的安静。

我把小学毕业文凭放到书桌的抽屉里，再出来，老高已经替我雇好了到医院的车子。走过院子，看那垂落的夹竹桃，我默念着：爸爸的花儿落了。我已不再是小孩子。

Halt

Title /因为时间是不会停滞的
Author /黄磊

他的手腕上戴着一块很别致的表，第一次见面时我便注意到了，表盘上是一张照片，他和一个大约三四岁的小孩，整个表盘的背景是天空般的蓝色，十分醒目。

不用猜便知那是父亲与孩子。“真是个好爸爸。”我看到时暗自想着。

第二天，我到拍摄现场，他拿着剧本到我面前说着当天要拍什么，我点头答应着。

当他转身要离去时，我好奇地问："这是你的女儿吧？"

他迟疑了片刻，似乎没听懂似的答道："这是我的小孩。"我暗笑，香港人听普通话真是吃力。于是再补充道："我知道，我是说是女儿吧？"

这一次他有点不耐烦了，没好气地说是个儿子。然后他又有几分愧意地抬起手腕对我补充道："这是我儿子。"旋即转身走开了。

我心想这个父亲真怪，如此疼爱儿子，时刻将他戴在手上，却不愿与人分享，不引以为骄傲。或许香港人多数如此，比较西方化，很少与人沟通，不像传统的中国人，将孩子作为共同话题的开场。现在的科技真是有意思，照片可以印到手表盘上，许多事情都可以个人化……

哎，如果让我有一块这样的手表，真不知会将谁印上去……我开始遐想起来——这似乎只是我每天生活中的无数片段之一。

几天后，我再次到他的剧组拍摄。乘车去拍摄的路上，我们前后排坐着，我坐在女主角(一个香港演员)的身边。他转过头对我们说："今天是你们的感情戏，坐一起可以熟悉一些。"于是我们几个闲聊了起来。

他的手扶在座椅扶手上，正好就搭在我面前，那块别致的手表随着车的颠簸不停地在我眼前晃来晃去。我随口又赞叹了一句他的表。

当我正想继续问他小孩几岁了、上学了没有这些问题时，我

感到莫名的一种气氛：全车人似乎静止不动，似乎又都在侧耳倾听，女主角更是用怪异的眼神望了我一眼，然后低下头退出了我们的谈话。我虽不知缘由，但知道自己一定是做错了一件事……

“这是我的小孩，他现在在天上。”他镇定地说，“我把他印在手表上，这样就可以时时看到他、想念他。”

接下来，大家又开始聊天，我故作自然，双眼一直凝视着他的表情。他滔滔不绝地聊着他的T恤是自己如何制作的，上面的画属于什么流派，文字有什么样的含义。

车快到了，他再次抬起手腕看了一下表，似乎是在看时间，然后对我说：“把他印在手表上，因为时间是不会停滞的。”

If you leave me, please don't comfort me because each sewing has to meet stinging pain.

Best

Title /遇见世上最好的爱

Author /佚名

请你一定相信，遇见了孩子就是遇见了世上最好的爱。

大学时的好友假期出游，顺路来看我，就在家中住了几天。正遇上老公出差，孩子感冒，我忙得不可开交。几天下来，她感慨道："看见你这样忙忙碌碌、身不由己，我是绝不敢要孩子了。"

我一愣："你都看见什么了？"她同情地说："看见你一日三餐洗煮烧煎，比保姆还辛苦；看见你栉风沐雨，又接送孩子上学，又忙工作，几乎变成机器人；看见你凌晨两点还不能安歇，要给孩子喂药喂水，像个苦役犯；还看见你的皱纹与眼袋，看见你无穷无尽的付出。”

她叹息：“女人最好的年华就这样交付掉了，人生还有什么乐趣。你看我，工作时无忧无虑，出游时无牵无挂，多好。”

我笑了，对她说：“你什么都看见了，可唯独没有看见我的快乐和幸福。”

她瞪大眼睛，惊讶地看着我，半开玩笑地说：“你不是在自欺欺人吧？”

我告诉她，儿子刚上幼儿园，第一次吃鸡翅时，才两岁半的他，将鸡翅藏在白衬衣的袖子里，晚上带回来要与我分吃。我至今记得，他津津有味地吸吮那半截鸡骨头的馋相。每每想起他衣袖上留下的那片鹅黄色油渍，我心里就会有一片淡淡的温暖。朋友若有所思，脸上不再是戏谑的表情。

我告诉她，走在路上，儿子像个小小男子汉，懂得让我走在他的右边。他说：“妈妈是近视眼，我是千里眼，我来保护你！”过马路的时候，他会冲着车流大喊：“你们通通快让开，我妈妈要过马路了！”仿佛我是至尊至贵的女王，所有人都得谦恭礼让。母亲，就是孩子心灵国度里最值得敬爱的女王。

朋友爽朗地笑起来，她说：“好羡慕你，女王陛下。”

我告诉她，去年五月的一个中午，儿子很晚还没回来。在外环路上，我找到了他。这一路，槐花开得纯白如雪，幽香扑鼻，

儿子正专心致志地往树干上写字，一棵一棵地。他对我说：“今天是母亲节，我没能买到康乃馨，就来到了这里。”花开得那么好，却有人采摘，儿子就用水彩笔写下了这些稚拙的留言：“这是我送给妈妈的花，请让它好好地开，不要摘。”望着这一路盛开的槐花，我知道，这是最好的母亲节礼物。牵着孩子的手，我感觉自己是世界上最幸福的人。

听到这里，朋友的眼神变得柔和起来。

我告诉她，就在前天，我和儿子一起去医院验血。当医生宣布儿子和我是相同血型的时候，他一下子欢呼起来：“太好了，如果以后妈妈生病需要输血，就可以抽我的了！”旁边验血的人，还有医生，都感动地说：“有个这样的孩子，真好。”

我平静地陈述完这些片段，朋友的眼睛却在刹那间湿润了。

我对朋友说：“你没有看到，我在辛苦的同时享受到多少甜蜜；你也无法感受，我生命中最深的温暖。但请你一定相信，遇见了孩子，就是遇见了世上最好的爱。”

朋友郑重地点了点头，露出了赞同的微笑。

I suddenly feel myself like
a doll, acting all kinds of
joys and sorrows.

Wait

Title /我一生都在等你
Author /佚名

1

阿尔塔莫诺娃只考了一次，就很轻松地考上了音乐专科学校。入学考试的时候，她弹了柴可夫斯基和肖邦的曲子，还表演了一些技法。基列耶夫和她一起参加了考试，但是没有考上，他作曲得了三分，只差一分而没被录取。基列耶夫的乐感非常好，难以弥补的是他弹错了五个音符。当时，阿尔塔莫诺娃很想走到他面前，对他说，他是所有人当中最有才华的。但她有些不好意思：他也许会把同情当做怜悯，并因此感到羞辱。

秋天开始上课时，全班聚集到了一起。基列耶夫竟然也在这个班里，显然他是走了后门。音乐就是上帝，学校就是殿堂，现在突然来了个走后门的人，多么鲜明的反差！在班上大家当着基列耶夫的面什么都不说，但是却有意疏远他。对此，基列耶夫也假装不在乎。不过，阿尔塔莫诺娃看到了，并且明白这是怎么回事，心里很痛苦。

在教室里，阿尔塔莫诺娃和基列耶夫通常坐在一排。她替他在餐厅排队，买灌肠和蜜糖饼干。而且每逢考试时，总是提前把自己的提纲借给他。要是基列耶夫说他看不清她的笔记，阿尔塔莫诺娃就大声念给他听。

那是考试结束后的一天，他们在阿尔塔莫诺娃家的厨房里自制早餐。他们炸的土豆，是基列耶夫洗的，洗得很认真，好像他一辈子就是干这个的。他们把保加利亚绿辣椒、葱、香肠和土豆炖在一块儿，上面浇上鸡蛋。基列耶夫把这称为“乡下早餐”。阿尔塔莫诺娃觉得这样的食物和词语的搭配很有新意，近乎完美。

为了驱除睡意，基列耶夫坐下来弹琴。他喜欢的作曲家是普罗科菲耶夫；阿尔塔莫诺娃认同的却是柴可夫斯基。柴可夫斯基的曲子多么优美啊，屋里的墙壁多么好看啊，生活太美好了，阿尔塔莫诺娃萌生了爱情。

一开始阿尔塔莫诺娃并不知道自己爱上了基列耶夫，只是有时候会想他。当时所有的人都知道，阿尔塔莫诺娃也知道，基列耶夫娶了个妻子叫鲁菲娜。结婚的时候，他刚二十岁，可鲁菲娜已经三十岁了。她漂亮得难以形容，以致基列耶夫神魂颠倒，把她从一个大人物那里抢了过来。为了纯粹的爱，鲁菲娜搬出了五居室的房子，然后和基列耶夫开始了共同生活。这时，鲁菲娜看到了差别：床铺、餐桌的摆放位置，还有餐桌上的食物，和以前都不一样了。

基列耶夫在露天舞场和婚礼上挣外快，他把微薄的薪水装在信封里连同一直难以消逝的愧疚都交给鲁菲娜。鲁菲娜不满意，基列耶夫也抬不起头来。这一切阿尔塔莫诺娃都知道，不过，了解归了解，却于事无补，一切照旧：没有基列耶夫，她简直无法呼吸。

要好的女友听到阿尔塔莫诺娃讲了好长时间，说："你要是实在忍不住，就告诉他，这样你就会平静下来。"

说，还是不说？整个四月和五月，阿尔塔莫诺娃都在思考这个问题。

说吧，万一他不需要这份感情呢？爱情是高尚的，阿尔塔莫诺娃怕伤害自己的自尊心。或者他可能回答："我喜欢另一个女人。"这样，他们俩就不能像从前那样一起在学校食堂排队，一起吃小灌肠，一起喝咖啡；就不能一起去图书馆；她就不能在他们一起乘坐电梯时仰着脸看他了。不能说，不能摊牌。还有一种可能，一切都说了出来，他只是有保留地同意。于是，她成了他的情人，他会经常看表，变成一个行色匆匆的男人，在鲁菲娜面前的愧疚更加沉重。这种矛盾不会给他增加幸福。

最好不说，让一切保持原样。

就这样，阿尔塔莫诺娃给爱加了锁，而钥匙交给了女友。

夏日的一天，门铃突然响起，阿尔塔莫诺娃打开门看见了基列耶夫。他站在那里，表情严肃，甚至庄重，却有点不自然。阿尔塔莫诺娃等他说话，他却一言不发。

“你有《儿童乐谱》吗？”基列耶夫终于问道。

“大概有吧，你要它干什么？”

“我想改编，把它编成现代风格的曲子。”

“为什么改编柴可夫斯基的？最好是改编普罗科耶夫的。”

基列耶夫没有回答。阿尔塔莫诺娃发现他喝醉了。

基列耶夫进来后，站在了过厅中间。阿尔塔莫诺娃想，在哪能找到柴可夫斯基的《儿童乐谱》呢？阿尔塔莫诺娃搬来一个凳子，想爬到阁楼上去找。突然，基列耶夫一下子抱住了阿尔塔莫诺娃，一声不响地把她从椅子上抱下来，然后进了卧室。阿尔塔莫诺娃一句话也说不出来，他抱着她像抱个孩子似的。阿尔塔莫诺娃脑子里乱糟糟的：同意还是不同意？他知道自己爱他，非常爱，而且已经爱了很长时间了，这正是个机会。可他一句话也不说，而且还醉醺醺的样子……

第二天，阿尔塔莫诺娃像往常一样给他买了小灌肠和咖啡。基列耶夫吃着东西，眼睛望着空旷的地方。他不记得了，阿尔塔莫诺娃想，要不，问问他？可怎么问呢？问他，你记得吗？他准会说，什么事儿？阿尔塔莫诺娃什么也没有问。

2

社区医生问她要不要把孩子生下来。

“我不知道。”阿尔塔莫诺娃回答说。

“您考虑一下，但时间不要太久。”医生建议道。

阿尔塔莫诺娃有两周的考虑时间。说还是不说？说吧，基列耶夫可能想不起来了，因为他当时喝醉了。假如他还记得，但是又从哪说起呢？如果他不打算改变自己的生活，那就意味着他不想要这个孩子。她呢，如果想要的话，就给自己生个儿子，最终这是她自己的事情。阿尔塔莫诺娃不知为什么一直坚信会生个男孩儿，小基列耶夫。但是他以后怎么生活呢？所有的孩子都有爸爸，可她的孩子却没有，只有妈妈和外祖母。小基列耶夫甚至连姓都没有，只能姓母亲的姓。

发奖学金那天，阿尔塔莫诺娃到了学校。在取款处她突然遇到了基列耶夫，因为是意外的相遇，她愣在那里，脚好像被钉子钉住了。基列耶夫正站在那里数钱。“现在就告诉……就问……就告诉……”阿尔塔莫诺娃下了决心，但最终还是没有说出口。

进手术室后，阿尔塔莫诺娃回头朝手术室门口望了一眼。她一直盼望着基列耶夫穿着大衣戴着帽子跑进来，抓住她的手说：“差点儿就来不及了！”但是基列耶夫不知道她在什么地方，也不知道她为什么要来这个地方。

阿尔塔莫诺娃两周都没有去学校，她不想去，甚至连电话也不接。即便广播里播报爆发了核战争，她也不会动一下。她整天坐在钢琴前敲打着琴键，弹奏着《儿童乐谱》。

四月一日是阿尔塔莫诺娃的生日，二十岁的生日，又一个十年。全班都来了，基列耶夫也来了，还送了她一尊黏土做的骆驼小雕像作为礼物。

再过十年就是三十岁，人生主要的、有决定意义的事件都发生在这个阶段——二十岁到三十岁之间，然后就开始重复。

阿尔塔莫诺娃从音乐专科学院毕业后，考入了戈涅欣学院的合唱指挥班。大学毕业后她开始指挥少年宫的合唱团。基列耶夫在学校上到三年级时就辍学了，据说他在声乐歌舞团上班。

就在二十岁到三十岁之间，将近三十岁时，阿尔塔莫诺娃嫁给了谢尔日科。谢尔日科像所有正统人一样，是个循规蹈矩却又很沉闷的人。阿尔塔莫诺娃对他没有像对基列耶夫那样的爱，她也不需要那样的爱。那样的爱曾让她伤心欲绝，生活本应该保持平和。三百六十天之后他们离了婚，就像莱蒙托夫一首诗中所写的那样："没有爱的愉悦，分手也没有忧伤。"

3

四十岁对于女人是青春不再的年龄，可四十岁的阿尔塔莫诺娃看上去比二十岁时还漂亮：以前瘦削，现在变得清秀了；曾经胆怯的性格变得平和，对自己的事业也变得自信了，甚至还有一点所谓的个人优越感。还同过去年轻时一样，她在期待着什么。也许在期待着基列耶夫的出现，但她自己并没有表现出主动性，

即便遇到她和基列耶夫都认识的熟人，她也从不打听……

基列耶夫已经四十多岁了，对于声乐歌舞团来说他已经老了。此时，基列耶夫的妻子鲁菲娜到了退休年龄，她一直没有生育。他们还住在那个有政府负责管理却不负责维修的中世纪的二层楼房里。他们把二层租给了合作商店的职员，希望他们修复房子并安部电话。鲁菲娜指望从合作社的职工身上挣到钱，她对基列耶夫已经不抱什么希望了。

没能生下来的儿子一直存在于阿尔塔莫诺娃的生命当中，就像隔着墙的音乐，尽管声音低，但能听得到。而且时间越久，思念就变得越来越强烈。对她来说，一个人的生活实在有些空虚。

在少年宫，阿尔塔莫诺娃和瓦赫丹戈交上了朋友。瓦赫丹戈是一个正规剧院的正式演员，但领导不让他扮演他想演的角色。瓦赫丹戈很郁闷，看不到什么出路。他的爱情也是一波三折，尽管他是个美男子，但是没有钱，没有房子。阿尔塔莫诺娃一边听他倾诉，一边递给他一些面包片。结果她爱上了他，因为他的种种不幸。

他们结婚了，然而一直没有孩子。阿尔塔莫诺娃去看医生，一个女医生告诉她："不可能怀孕了。"这就是基列耶夫的拜访给她造成的后果。他当时想要什么来着？好像是柴可夫斯基的《儿童乐谱》。

瓦赫丹戈每月给他在库塔伊希的母亲打一次电话，并悄悄地说："没怀孕。"母亲对儿媳妇很不满意。

他们还是没有孩子，但是在阿尔塔莫诺娃看来，瓦赫丹戈完全像个孩子，他代替了儿子的位置，她要给他煮饭洗衣，还要安慰他，给他零花钱。

一切都结束了，结束在一个晴朗的日子里，就像瓦赫丹戈感觉的那样，结束在一个空荡荡的地方。瓦赫丹戈在给他妈妈的一次例行电话中说：“还没怀孕。”阿尔塔莫诺娃一把夺过他手中的话筒，对婆婆说了几句不该说的粗鲁话。瓦赫丹戈的妈妈什么也没听明白，可瓦赫丹戈明白了，他们的日子过不下去了。

4

在阿尔塔莫诺娃的婚姻亮出红灯的同时，合唱团却兴旺了起来，不断壮大，还去保加利亚、中国和美国演出过。演出场次很多，有时一天有两场音乐会。台上台下都在传唱阿尔塔莫诺娃的歌曲，银行存折上的钱也如沼泽中的泉水，刚取走就又满了，源源不断。多好啊，钱！象征着自由和独立，可以吃山珍海味，可以穿华丽服装，可以出入坐车。在一个晴朗的日子她得出结论：她有自己的事业，她不需要最出色的丈夫。事业可以供她吃，供她穿，让她享受，让她旅行，让她结识朋友，给她社会地位……有哪个现代的男人可以给她这么多？阿尔塔莫诺娃驾着车沿着车道行驶，而在人行道上，那些只挣两百卢布，并且其中一百卢布要买酒喝的男人们鱼贯而行。她开着车高傲地驶过，那感觉真好。

一个著名的管风琴家来莫斯科巡回演出。音乐会结束后，阿

尔塔莫诺娃乘地铁回家。坐扶梯往下走时，她陷入沉思，当看见面前站着基列耶夫时，她一点也不感到惊讶，只是觉得应该说点什么。

“啊，你也来了！”阿尔塔莫诺娃用轻快的口吻说。基列耶夫跟从前一样没有多大变化，只不过是另一种那个样子，像是外省来的老同志。阿尔塔莫诺娃知道，近年来基列耶夫在餐厅弹钢琴，听说他还酗酒。他们站着互相望着对方。

“你好吗？”阿尔塔莫诺娃问。

“还好。”

“天哪。”阿尔塔莫诺娃有点害怕，“我差点儿因为这个人毁了自己的一生！”

“你怎么走？”他问。

“我往右拐。”阿尔塔莫诺娃说。

“我往左拐。”

没办法，还像往常一样，他们总是各奔东西。

阿尔塔莫诺娃突然想说：“知道吗？我们曾经可以生个孩子。”但她没说，无法挽回的事情说它还有什么意义。

“那好，再见。”阿尔塔莫诺娃与他告别。

“再见。”基列耶夫回答说。

火车来了。阿尔塔莫诺娃心里却慌乱起来，好像这是她生命中的最后一趟火车。基列耶夫还站在站台上，人流把他挤来挤去，但他没有觉察到。阿尔塔莫诺娃看了他一会儿，然后火车进了隧道。车厢轻轻地摇晃着，她心里空荡荡的。

突然间她明白了，因为自己的犹豫——说还是不说，问还是不问，她毁了他的生活。要不是医生建议不把孩子生下来，儿子也快三十岁了，听完音乐会他们将一起回家，她会对基列耶夫说："认识一下，这是你的儿子。"即便这样又能怎么样呢？他站在站台上，像三十年前没有被音乐学院录取一样尴尬。

阿尔塔莫诺娃为他失掉的天才感到痛苦。她又像当年一样想乘车回去告诉他："所有同学中你最有才华，你天赋还没有完全丧失。"

"下一站是白俄罗斯站。"一个女播音员的声音。

阿尔塔莫诺娃抬起头来想："奇怪，我可是在白俄罗斯站上车的，也就是说，火车绕了整整一圈又回到了这个起点。"

基列耶夫还站在原来的地方。当车厢门打开，人们上下车时，阿尔塔莫诺娃看见了他。阿尔塔莫诺娃在最后一秒跳了出来，走到他跟前问道："你在这做什么？"

"等你。"基列耶夫简短地说。

"为什么？"

"我一生都在等你。"

Solitary

Title /被留下的我们独自悲伤

Author /佚名

一代网球明星阿瑟·阿什因输血而受到病毒感染，离开了他的亲人、朋友、球迷，然而人们不会忘记他是如何呼吁抑制艾滋病的。

下面是阿什临死前给7岁的女儿卡米拉留下的一封信：

亲爱的卡米拉：

当你读到这封信的时候，我或许早已不能与你交谈了，我对你来说已成为了回忆，我希望我写的这封信能使你的回忆永不消逝，我盼望我能成为你生命中的一部分。

婚姻可能是你生命中将做的第二个重大的抉择，最重大的抉择将是决定是否要个小孩。当今世界，有一小半的婚姻以离婚告终，这也意味着你必须极其慎重地选择你的丈夫。父母双全的家庭对孩子的成长是极为有益的，假如你像当今许多女性那样有一个非婚生孩子这将令我万分遗憾。我祝福你婚姻美满，就像你妈和我那样。

现在的夫妇往往因为鸡毛蒜皮的小事就闹离婚，在我和你妈结婚的那个晚上，我们的一位老朋友给了我们几点忠告，其中一条是：婚姻中最重要的是能相互给予，这需要勇气，但它是通往幸福之门的钥匙，不能相互给予的夫妇是不能维系长久婚姻的。

你还必须学会如何在这个社会中生存，做到感觉良好。当我满世界跑，进行巡回比赛时，我发现，与不同类型的人保持亲密的友谊不仅是可能的而且还能极大地丰富自己的生活阅历。简而言之，与人交往价值不菲，不要限制自己，也不好允许别人限制你。我希望你有勇气与各种人建立友谊。

卡米拉，要注意你的身体。你母亲每天锻炼1个小时，我也鼓励她这么做。我希望你将来至少能掌握两项体育运动，体育运动的迷人之处在于它会在某些时候给你慰藉和快乐，通过体育你会更了解自己，了解你的情感和性格，并锻炼你的坚强毅力，学会如何从失败走向胜利。

在你成人的道路上，你将会首先尝试成人的事，诸如驾车、熬夜、喝酒、吸毒和性。作为你的父亲，我特别担心的是酒、性

和毒品，那些被酒和毒品毁掉前程的人我见得多了。在我们这个家族，嗜酒者不少，他们为此痛苦了一辈子。性乃上帝的礼物，但在性方面不要过于轻率，不要被人诱惑，遭人抛弃、遗忘，像许多可怜的女人那样。

卡米拉，我的人生很匆忙，你将来也会发现人生匆匆。当今世界新技术、新信息层出不穷，你常会感到时间不够用，要抓紧时间，充分利用时间，但不要将自己置于时间的控制之下，总之要保持生命的平衡。

别生我的气，尤其在你需要我而我无法在你身边的时候。我最爱陪伴你了。当我不在人世的时候，不要悲哀。我将始终爱着你，你给了我许多快乐，我却不能给你更多的爱。

卡米拉，当你在读这些文字的时候，或许我正在旁边看你呢！我在对你笑，并将一直鼓励你。

永远爱你的爸爸

I sit at my window this morning where the world like a passer-by stops for a moment, nods to me and goes.

Stare

Title /5点45分的守候

Author /佚名

我是在第三次收拾画夹准备回去的时候注意到她的。

她站在离我不远处的岩石上，不时地翘首向坡下张望着。初冬，漫山的黄栌树叶染红了大半个天空，暮霭中，微风拂过山冈，火红的黄栌树叶片片起舞。

她看上去三十几岁的样子，中等偏瘦，长圆脸，一双细长的眼睛，脸上挂着那种农村妇女特有的憨厚和谦卑。

我问她在看什么，为什么每天的这个时候都要到这儿来。

她笑了，带着几分和她的年龄极不相称的羞涩和腼腆。她说，她男人在坡下的煤窑里工作，5点30分下班，她来这儿是想早一点看到他从竖井里上到地面上来。

果然，顺着她手指的方向，我依稀地看到，山坡下有一排低矮的房屋，屋后，一座高高的煤山掩映在茂密的黄栌树丛中，看上去像极了一抹滴落在油画上的墨渍。山腰间，一行铁车沿着道轨正像坦克一样缓慢地爬行着，铁车里，乌金滚滚，那，是矿工们的汗水。

她说，一天中自己最喜欢的是每个傍晚的5点45分，那是第一批下了班的工人从竖井里升上地面的时刻。说这话时，她又笑了，那亲切而自然的笑容，让她平凡的容颜生出一种圣洁的美丽和无法形容的生动来。

从她断断续续的诉说里，我知道了，她三十四岁，有两个孩子，儿子上六年级，女儿上三年级。公公死得早，留下婆婆和他们一起生活。她一个人种着十多亩地，男人在矿上打工，婆婆照顾一家人的生活，日子过得虽不富裕，但也和和美美。她说，今年的收入不错，照这样下去，再有两年就能翻盖一下老屋了，到那时候，每个孩子都会像城里的孩子那样，拥有一间属于自己的屋子。

说着，她下意识地用手捋了捋额前的头发，幸福的憬憧满满地写在脸上。

小心翼翼地，我问她，是不是每天都过得提心吊胆的。她说是，她说自己最怕救护车的声音。一次，矿上的老会计突发心脏病，镇上的120急救车拉着警笛往矿上开的时候，把十里八村的矿工亲属都惊动了，人们纷纷涌向矿井，有人甚至一边跑一边哭。那天，到了矿上她才发现，不知什么时候，自己竟然跑丢了一只鞋。她说，直到现在，哪怕是在县城里听到这种声音，她的心也会抖个不停。

说这话时，她的脸上平静如水，而我，却分明感觉到，一丝酸楚从心底迅速涌向全身。

她说，下井的矿工脸上一层煤黑，穿的衣服都像黑炭一般，在别人的眼里这些煤黑子分不清谁是谁，可是我们这些家属一眼就知道谁是谁家的爷们儿。

说话间，罐笼提升起几个矿工出现在井口，我下意识地低头看了看表：5点45分，丝毫不差。

她不再说话，眼睛一眨不眨着盯着远处的竖井。

一罐又一罐，陆陆续续地，矿工们被电梯提升到井口。

她痴痴地站在散落着夕阳的岩石上，如释重负般喃喃自语着：又一天过去了，平平安安。

她开始收拾她的篓筐，我知道，她已经看到了她最想看的人，那个给了她爱情、给她带来温暖和力量支撑的人。

我要用车捎她一程，她谢绝了，她说翻过山梁就是她的家，走小路更快，男人喜欢喝两口儿，自己要赶在男人回来前给他把酒烫热。

看着她娇小的甚至有些枯干的背影消失在火红的黄栌树林里，那一刻，我忽然就为她那淳朴的爱情所感动。一边是辛劳琐碎的日常生活，一边是牵肠挂肚的惦念。在日日提心吊胆的张望中，矿工们的爱情早已被细细密密的岁月针脚缝合成了一件贴身的衣服，体己、暖身，相依为命。那些融入在深情凝望中的牵挂，那些注入到一壶热酒一碗姜汤中的关爱，让花前月下的卿卿我我变得如此苍白、矫情。

5点45分的爱情，让我那颗在钢筋水泥的世界里变得越来越粗糙越来越麻木的心，深深地沉浸在一股股股的温润中。

Warm

Title /这段温暖的路程谁能丈量

Author /佚名

从我住进病房起，对面床上的那对夫妻便一直在小声争吵，女人想走，男人要留。听护士讲，那女人患的是脑瘤。

医院的走廊里有一部插磁卡的电话机，就安在病房的门外三四米远的地方，由于手机的普及，已鲜有人用了。可是，几乎每个傍晚，男人都要在走廊里给家里打电话。

男人的声音很大，虽然每次他都刻意关上房门，可病房里还是听得清清楚楚。

每天，男人都在仔细地问儿子，牛和猪是否都喂饱了，院门插了没有，嘱咐儿子别学习得太晚影响第二天上课。最后，他总是千篇一律地说：“你妈的病没什么大碍，过几天我们就回去了。”

女人住进来的第四天，医院安排了开颅手术。那天早晨，女人的病床前多了一男一女，看样子是那女人的哥哥和妹妹。女人握着妹妹的手，眼睛却没离开过男人的脸。

麻醉前，女人突然抓住男人的胳膊说：“他爸，我要是下不了手术台，用被褥把我埋在房后的林子里就行。咱不办丧事，不花那冤枉钱，你这回一定要听我的啊。”女人的声音颤抖着，泪水哗哗地淌了下来。

护士推走了女人，男人和两个亲戚跟了出去。过了一会儿，男人便被妻兄扯回来。此后，男人一直坐在病床上一言不发，那神情，看上去像个无助的孩子。

终于，女人被推回来了。女人头上缠着纱布，脸色有些苍白，眼睛微微地闭着，像是睡着了。

手忙脚乱地安顿好了女人，男人又出去了，回来时，手里拎着一包东西。一向都是三个馒头、几片榨菜便打发一顿的男人，这次破天荒地买回一兜包子。

男人不停地劝妻兄和妻妹多吃点，自己却只吃了两个，便端起了水杯。

那个夜晚，不知是忘了还是其他原因，男人没给家里打电话。

第二天上午，女人醒了，虽不能说话，却微笑着瞅着男人。男人高兴地搓着手，跑到楼下买了许多糖，送到医生的办公室，送到护士台，还给了我和邻床的老太太每人一把。

女人看上去精神还不错，摘掉氧气罩的第一天，便又开始闹着回家。男人无奈，只得像哄孩子般，不停地给女人讲各种看来的或听来的新鲜事，打发时间。

一切又恢复了原来的样子，每天傍晚，男人又开始站到走廊的磁卡电话机旁，喋喋不休地嘱咐起儿子。

一天晚上，我从水房出来，男人正站在电话机旁大声唠叨着："牛一天喂两次就行了，冬天又不干活儿，饿着点没事。猪你可得给我喂好啊，养足了膘，到年关能卖个好价钱。你妈恢复得挺好，医生说再巩固几天就能出院了……"

男人自顾自地说着，一边的我看得目瞪口呆。我惊奇地发现，电话机上根本没插磁卡。

放下电话，男人看到我脸上惊愕的表情。我指了指电话，男人竟"嘿嘿"笑了。"嘘……"男人的食指放在嘴边，示意我别出声。

"大哥，这会儿不担心你家的猪和牛了？"我一脸疑惑地瞅着男人，小声问了一句。

"牛和猪早托俺妻兄卖掉凑手术费了。"男人低低地回答，随即冲我做了个鬼脸，用手指指病房的门。

我恍然大悟，原来，男人的电话不是打给家中的儿子的，而是“打”给病床上的妻子的。

图书在版编目（CIP）数据

老爸，别哭 / 万榕编. -- 2版. -- 沈阳 :万卷出版公司, 2014.1

（真情树）

ISBN 978-7-5470-2927-5

Ⅰ. ①老… Ⅱ. ①万… Ⅲ. ①故事－作品集－中国－当代 Ⅳ. ①I247.8

中国版本图书馆CIP数据核字（2013）第257726号

出版发行：北方联合出版传媒（集团）股份有限公司
万卷出版公司
（地址：沈阳市和平区十一纬路29号 邮编：110003）
印 刷 者：北京季蜂印刷有限公司
经 销 者：全国新华书店
幅面尺寸：145mm×210mm
字　　数：140千字
印　　张：7
出版时间：2014年1月第2版
印刷时间：2014年1月第1次印刷
责任编辑：张鸿艳
特约编辑：应　凡　汪　敏　赵海萍
装帧设计：鄂姿羽
ISBN 978-7-5470-2927-5
定　　价：25.00元

联系电话：024-23284090
邮购热线：024-23284050
传　　真：024-23284521
E-mail：vpc_tougao@163.com
网　　址：http: //www.chinavpc.com

请联系我们！

因本书中的部分稿件来自网友选送，故有些文章的作者未能及时联系上。

希望原文作者看到本书后尽快与我们联系，我们将奉上稿酬，以此感谢您的参与。（稿酬：50元/千字）

确认作者的信件请发送至：warmtree@126.com

来信请注明“真情树”字样。